MAPEAMENTO DE COMPETÊNCIAS

O GEN | Grupo Editorial Nacional – maior plataforma editorial brasileira no segmento científico, técnico e profissional – publica conteúdos nas áreas de ciências sociais aplicadas, exatas, humanas, jurídicas e da saúde, além de prover serviços direcionados à educação continuada e à preparação para concursos.

As editoras que integram o GEN, das mais respeitadas no mercado editorial, construíram catálogos inigualáveis, com obras decisivas para a formação acadêmica e o aperfeiçoamento de várias gerações de profissionais e estudantes, tendo se tornado sinônimo de qualidade e seriedade.

A missão do GEN e dos núcleos de conteúdo que o compõem é prover a melhor informação científica e distribuí-la de maneira flexível e conveniente, a preços justos, gerando benefícios e servindo a autores, docentes, livreiros, funcionários, colaboradores e acionistas.

Nosso comportamento ético incondicional e nossa responsabilidade social e ambiental são reforçados pela natureza educacional de nossa atividade e dão sustentabilidade ao crescimento contínuo e à rentabilidade do grupo.

HUGO PENA BRANDÃO

MAPEAMENTO DE COMPETÊNCIAS
Ferramentas, exercícios e aplicações em gestão de pessoas

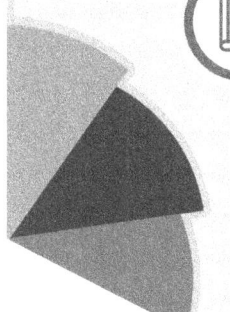

2ª EDIÇÃO

gen | atlas

■ O autor deste livro e a editora empenharam seus melhores esforços para assegurar que as informações e os procedimentos apresentados no texto estejam em acordo com os padrões aceitos à época da publicação, *e todos os dados foram atualizados pelo autor até a data de fechamento do livro*. Entretanto, tendo em conta a evolução das ciências, as atualizações legislativas, as mudanças regulamentares governamentais e o constante fluxo de novas informações sobre os temas que constam do livro, recomendamos enfaticamente que os leitores consultem sempre outras fontes fidedignas, de modo a se certificarem de que as informações contidas no texto estão corretas e de que não houve alterações nas recomendações ou na legislação regulamentadora.

■ O autor e a editora se empenharam para citar adequadamente e dar o devido crédito a todos os detentores de direitos autorais de qualquer material utilizado neste livro, dispondo-se a possíveis acertos posteriores caso, inadvertida e involuntariamente, a identificação de algum deles tenha sido omitida.

■ **Atendimento ao cliente:** (11) 5080-0751 | faleconosco@grupogen.com.br

■ Direitos exclusivos para a língua portuguesa
Copyright © 2017, 2022 (5ª impressão) by
Editora Atlas Ltda.
Uma editora integrante do GEN | Grupo Editorial Nacional

■ Travessa do Ouvidor, 11
Rio de Janeiro – RJ – 20040-040
www.grupogen.com.br

■ Reservados todos os direitos. É proibida a duplicação ou reprodução deste volume, no todo ou em parte, em quaisquer formas ou por quaisquer meios (eletrônico, mecânico, gravação, fotocópia, distribuição pela Internet ou outros), sem permissão, por escrito, da Editora Atlas Ltda.

■ Capa: MSDE | MANU SANTOS Design
■ Imagem de capa: enotmarks | iStockphoto
■ Editoração eletrônica: Tarumã Editoração Gráfica

CIP-BRASIL. CATALOGAÇÃO NA PUBLICAÇÃO
SINDICATO NACIONAL DOS EDITORES DE LIVROS, RJ

Brandão, Hugo Pena
Mapeamento de competências : ferramentas, exercícios e aplicações em gestões de pessoas / Hugo Pena Brandão. – 2. ed. – [5. Reimpr.]. – São Paulo : Atlas, 2022.

Inclui bibliografia
ISBN 978-85-97-01260-6

1. Administração de projetos 2. Gestão por competências. I. Título.

17-43468
CDD: 658.404
CDU: 65.012.3

Sumário

APRESENTAÇÃO, VII

1 A COMPETÊNCIA E A GESTÃO POR COMPETÊNCIAS, 1
   1.1 A noção de competência no trabalho, 2
   1.2 A competência nos diferentes níveis organizacionais, 6
   1.3 A gestão por competências, 9

2 O MAPEAMENTO DE COMPETÊNCIAS, 17
   2.1 A descrição operacional de competências, 18
   2.2 Métodos, técnicas e instrumentos aplicados ao mapeamento de competências, 28
      2.2.1 Análise documental, 29
      2.2.2 Entrevista, 37
      2.2.3 Grupo focal, 46
      2.2.4 Questionário, 54
      2.2.5 Observação, 78

3 APLICAÇÕES DO MAPEAMENTO DE COMPETÊNCIAS À GESTÃO DE PESSOAS, 85
   3.1 Avaliação do desempenho no trabalho, 86
   3.2 Diagnóstico de necessidades de capacitação, 93
   3.3 Planejamento educacional, 103
   3.4 Trilhas de aprendizagem, 108
   3.5 Recrutamento e seleção, 115
   3.6 Retribuição, 119

4 CONSIDERAÇÕES FINAIS, 125

5 APÊNDICE: EXERCÍCIOS E GABARITOS, 131
   5.1 Exercício 1: Distinção entre desempenhos explícitos e situações abstratas, 132
   5.2 Exercício 2: Descrição adequada de competências individuais, 134

5.3 Exercício 3: Análise documental aplicada ao mapeamento de competências, 140
5.4 Exercício 4: Análise do conteúdo de entrevistas, 145
5.5 Exercício 5: Análise do conteúdo de grupo focal, 149
5.6 Exercício 6: Elaboração de questionários estruturados, 156
5.7 Exercício 7: Análises descritivas de dados quantitativos, 159
5.8 Exercício 8: Observação aplicada ao mapeamento de competências, 164

REFERÊNCIAS BIBLIOGRÁFICAS, 169

Apresentação

Com a emergência, nas últimas décadas, de modelos de gestão baseados no conceito de competência,[1] grande discussão tem sido feita, tanto no meio acadêmico como no ambiente organizacional, em torno da noção de competência no trabalho, suas dimensões, antecedentes e aplicações no campo da gestão de pessoas.[2; 3]

No exterior, as publicações sobre o tema se alastraram a partir do início da década de 1990.[1] Contribuíram para essa disseminação a publicação do clássico artigo de Prahalad e Hamel,[4] intitulado *The core competence of the corporation* (A competência essencial da organização), e a realização das primeiras edições de conferência internacional sobre o tema (*International Conference on Competence-based Management*), organizadas na Europa pelos professores Aimé Heene e Ron Sanchez,[5] cujos anais deram origem a diversas publicações sobre o assunto.

No Brasil, a gestão por competências tornou-se objeto de maior interesse de organizações, gestores e pesquisadores a partir do final da década de 1990. Diversos estudos foram produzidos e publicados ao longo da década passada,[1; 3; 6; 7; 8] analisando o tema sob diferentes perspectivas. No meio empresarial, tornou-se frequente a adoção de modelos de gestão baseados em competências por empresas (Vale, Banco do Brasil, Embratel e Usiminas, por exemplo) de diferentes ramos de atuação.[9; 10; 11] O setor público acompanhou essa tendência, sobretudo depois da edição do Decreto nº 5.707,[12] em 23 de fevereiro de 2006, e da Portaria nº 208/2006[106] do Ministério do Planejamento. Esses dispositivos legais instituíram diretrizes e instrumentos para desenvolvimento de pessoal da Administração Pública Federal, exigindo das entidades dessa esfera a formulação de planos de capacitação com base nas competências requeridas de seus servidores.

---

[1] Embora no campo da Administração a gestão por competências tenha se popularizado durante a década de 1990, no campo da Psicologia do Trabalho e das Organizações relevantes estudos sobre a natureza da competência individual no trabalho, como os realizados por Gilbert[27] e McClelland,[105] foram publicados ainda na década de 1970.

Muitas organizações públicas (Antaq, Banco Central, Ministério do Planejamento e Serpro, por exemplo) adotaram, em diferentes graus de sistematização e abrangência, iniciativas para implantação da gestão por competências.[13]

A adoção desse modelo de gestão passou a ser considerada boa prática organizacional, recomendada por teóricos, praticantes, códigos de governança, índices de sustentabilidade, associações de classe e outros.[3; 6; 13] A gestão por competências tornou-se matéria curricular de cursos de especialização (tradicionalmente denominados MBAs) oferecidos por renomadas escolas. A Fundação Getulio Vargas – FGV, por exemplo, chegou a editar publicações específicas[3; 14] sobre o assunto, para uso como livro-texto em seus cursos.

Comecei a dedicar-me ao estudo da gestão por competências em 1998, no âmbito do Programa de Pós-Graduação em Administração – PPGA da Universidade de Brasília – UnB, onde produzi dissertação de mestrado[15] sobre o tema. Posteriormente, de 2005 a 2009, no Programa de Pós-Graduação em Psicologia Social, do Trabalho e das Organizações dessa mesma universidade, dei continuidade a esses estudos, desta vez no curso de doutorado.[16] Fui orientado pelos professores Tomás de Aquino Guimarães e Jairo Eduardo Borges-Andrade, com os quais, além de aprender muito, tive o privilégio de escrever diversos artigos sobre o assunto, publicados em anais de congressos realizados no país e no exterior, capítulos de livros, periódicos e revistas especializadas.

Ainda no meio acadêmico, tive a oportunidade de ministrar disciplinas (gestão por competências e mapeamento de competências, por exemplo) em muitas turmas de MBAs em Gestão de Pessoas (cursos de pós-graduação *lato sensu*) da FGV Management, UniDF e Ibmec Educacional. Nessas turmas, pude orientar a elaboração de dezenas de monografias sobre o tema. Durante e mesmo depois de concluídos esses cursos, primei por uma atitude de me colocar próximo aos alunos, aberto a questionamentos, discussões e esclarecimento de dúvidas. Felizmente, como além das aulas que ministrava, estive envolvido com a implantação de práticas de gestão por competências em organizações (Banco do Brasil, Câmara dos Deputados e Eletronorte, por exemplo), estas experiências me permitiram, acho que a contento, dirimir as dúvidas com as quais meus alunos e ex-alunos se deparavam durante o mapeamento de competências em suas organizações. Possibilitaram-me ainda elaborar o planejamento educacional de dois cursos para a Escola Nacional de Administração Pública – ENAP: a oficina de Mapeamento de Competências e o curso Gestão por Competências, os quais foram ministrados por instrutores da ENAP para centenas de

Apresentação

servidores públicos em todo o País, como parte do esforço do governo federal para aprimorar práticas de gestão na Administração Pública.

Estas experiências profissionais constituíram excelentes oportunidades de aprendizagem. Sou muito grato a professores, alunos e colegas de trabalho e de pesquisa com os quais pude aprender, compartilhar ideias, formular proposições e buscar soluções para problemas organizacionais. Para orientar minha prática profissional, procurei documentar as principais dúvidas, dificuldades, equívocos e imprecisões que, com certa frequência, emergiam em processos de mapeamento de competências. Boa parte dessas dificuldades devia-se à relativa escassez de publicações de caráter instrumental, em especial no Brasil, dedicadas especificamente a aspectos metodológicos do mapeamento de competências, visto que a literatura nacional, em grande parte, privilegiou a realização de discussões conceituais sobre a noção de competência, proposições teóricas e estudos empíricos sobre o assunto.

Reunindo experiências de minha trajetória profissional e acadêmica nos últimos 20 anos, este livro foi elaborado com a pretensão de ajudar a preencher certa lacuna na literatura sobre o tema, trazendo contribuições de ordem prática e metodológica àqueles que necessitam empreender processos de mapeamento de competências nas organizações em que atuam, a profissionais de gestão de pessoas e aos que estudam a gestão por competências em cursos de graduação e especialização. Ao enfatizar a descrição operacional de competências e os métodos, técnicas e instrumentos de pesquisa social aplicados ao mapeamento, com a apresentação de exemplos ilustrativos, casos e exercícios práticos, espera-se que este texto possa instrumentalizá-lo, leitor, a conduzir adequadamente processos de mapeamento de competências em diferentes contextos organizacionais.

Privilegiei aqui a adoção de um estilo de linguagem mais coloquial – certas vezes afastando-me da sobriedade e neutralidade que tradicionalmente caracterizam textos acadêmicos –, procurando dialogar com o leitor, oferecer exemplos e tornar a leitura mais agradável e acessível. Não abandonei, contudo, o caráter objetivo, factual, fidedigno, correto e racional que é próprio da literatura científica. As proposições deste livro estão baseadas em sólida fundamentação teórica e empírica, conforme se pode denotar pela extensa e qualificada bibliografia referenciada.

Este livro foi estruturado em quatro capítulos, além desta apresentação. No primeiro, discutiremos o conceito de competência, seus pressupostos e sua utilização para orientar processos de gestão nas organizações. O segundo capítulo constitui nosso foco principal. É dedicado a explorar em detalhes os principais métodos, técnicas e instrumentos utilizados para mapeamento de competências, assim como os cuidados metodológicos fundamentais para realizar o diagnóstico e a descrição acurada das competências relevantes à organização. O terceiro destina-se a discutir e exemplificar o uso do mapeamento de competências para orientar diferentes processos de gestão de pessoas (capacitação, avaliação de desempenho, recrutamento e seleção, por exemplo), enquanto o quarto capítulo é dedicado a conclusões e considerações finais. Há ainda um Apêndice, que apresenta diversos exercícios práticos e seus respectivos gabaritos, com comentários e explicações, para permitir ao leitor fixar conteúdos e exercitar práticas de mapeamento de competências.

Boa leitura!

O Autor

1

A Competência e a Gestão por Competências

1 A Competência e a Gestão por Competências

A competência no trabalho tem sido gerenciada nas organizações na expectativa de influenciar positivamente o desempenho de profissionais e da própria organização.[1; 3] Neste capítulo discutiremos o conceito de competência, seus pressupostos e sua utilização para orientar processos de gestão nas organizações.

● 1.1 A noção de competência no trabalho

O termo *competência* deriva do latim *competentia*, que significa proporção, simetria, concordância, ser próprio.[17] Inspira a ideia de adequação, conformidade, harmonia, de algo que é apropriado a um contexto, uma situação, exigência ou expectativa. O adjetivo *competente*, então, poderia designar aquele que é capaz de agir adequadamente frente a uma situação, adotando medidas compatíveis, proporcionais, apropriadas à circunstância. No cotidiano, a expressão tem sido utilizada para qualificar o indivíduo capaz de resolver certo assunto, fazer determinada coisa.[18]

Com a evolução das teorias administrativas, ao longo do século passado, o termo *competência* foi incorporado à linguagem organizacional, sendo geralmente utilizado para designar a capacidade da pessoa de realizar apropriadamente determinado trabalho ou a própria atuação do indivíduo em um dado contexto profissional.[1; 19]

A partir da década de 1970, o interesse pelo assunto estimulou o debate teórico em diferentes campos de estudo (educação, economia do trabalho, psicologia organizacional, administração, sociologia do trabalho etc.), a realização de pesquisas sobre o tema e o uso da noção de competência para orientar a condução de diversos processos organizacionais. Muitos autores procuraram criar definições próprias para o termo, chamando a atenção para variados aspectos da competência. Não vamos aqui discutir os diferentes conceitos ou correntes teóricas existentes, porque isso já foi suficientemente feito por muitos autores.[1] Em vez disso, expõem-se a seguir algumas proposições razoavelmente consolidadas, tanto no meio acadêmico

---

[1] Dutra,[6] Ruas,[7] e Brandão e Guimarães[1] estão entre os autores brasileiros que realizaram abrangentes revisões conceituais sobre o tema. Se você desejar se aprofundar nessa discussão conceitual poderá recorrer ao artigo de Brandão e Guimarães,[1] que se encontra integralmente disponível para consulta e *download* no *site* da Revista de Administração de Empresas – RAE da FGV (<www.fgv.br/rae>).

quanto no organizacional, que lhe permitirão compreender a noção de competência e suas implicações. É comum encontrar na literatura sobre o tema postulados de que a *competência* da pessoa no trabalho:[20]

a) é constituída por recursos ou atributos do indivíduo, tradicionalmente classificados como conhecimentos, habilidades e atitudes,[21; 7; 107] que representam as dimensões cognitiva, psicomotora e afetiva do trabalho;[3]

b) possui o caráter de associar esses atributos individuais (conhecimentos, habilidades e atitudes) ao contexto em que são utilizados;[19; 2]

c) representa o reconhecimento social sobre a capacidade de alguém;[1; 22]

d) é revelada quando a pessoa age frente às situações profissionais com as quais se depara,[3; 22] de forma que o desempenho do indivíduo no trabalho representa uma manifestação ou evidência de suas competências;[2]

e) é desenvolvida por meio de processos de aprendizagem, sejam eles naturais ou induzidos, formais ou informais,[23] de forma que a competência constitui uma evidência daquilo que a pessoa aprendeu ao longo de sua trajetória profissional e pessoal;[107]

f) serve como elo entre atributos individuais (conhecimentos, habilidades e atitudes) e a estratégia da organização;[3; 4]

g) agrega valor, seja econômico ou social, tanto ao indivíduo que a manifesta no trabalho quanto à organização em que ele atua;[22; 6]

h) dá origem e sustentação a capacidades da organização, tradicionalmente denominadas competências organizacionais;[1; 24]

i) é influenciada por variáveis ou processos que se manifestam em diferentes níveis da organização (estilo gerencial do líder, treinamento e apoio material oferecido ao empregado, cultura, clima, estrutura, estratégia e outros);[25]

j) influencia, em alguma medida, processos e resultados que ocorrem em diferentes níveis da organização (indivíduo, equipes de trabalho, unidades produtivas e a organização como um todo).[25]

Levando em consideração pressupostos como esses, Carbone et al.[3] propuseram definir a competência no trabalho como uma combinação sinérgica de conhecimentos, habilidades e atitudes, evidenciada pelo desempenho do indivíduo em seu contexto profissional, que agrega valor tanto à pessoa quanto à organização em que ela atua. Apesar da possibilidade de interpretar a competência sob diferentes perspectivas e da existência de outros conceitos na literatura sobre o tema,[1; 7] definições como essa parecem possuir aceitação mais ampla, sobretudo porque possuem caráter integrador: consideram as diversas dimensões do trabalho (cognitiva, psicomotora e afetiva); associam atributos individuais (conhecimentos, habilidades e atitudes) ao contexto em que eles são aplicados e ao desempenho decorrente dessa aplicação.[19; 26] Essa concepção pode ser ilustrada pela Figura 1.1:

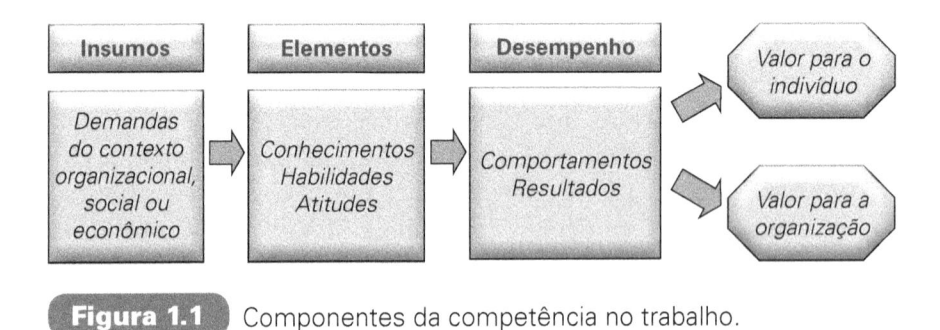

Insumos	Elementos	Desempenho	
Demandas do contexto organizacional, social ou econômico	Conhecimentos Habilidades Atitudes	Comportamentos Resultados	Valor para o indivíduo / Valor para a organização

Figura 1.1 Componentes da competência no trabalho.

Fontes: Carbone et al.[3] e Fleury e Fleury,[24] com modificações e adaptações.

Essa figura sugere que o indivíduo, para lidar adequadamente com os desafios de seu contexto organizacional, social ou econômico, precisa deter uma série de conhecimentos, habilidades e atitudes. Quando consegue mobilizar e aplicar esses elementos em seu trabalho, a pessoa gera um desempenho profissional.[19; 21] Esse desempenho, por sua vez, é expresso pelos comportamentos que o indivíduo manifesta no trabalho e pelas consequências desses comportamentos, em termos de resultados ou realizações,[27] de forma que o desempenho competente[II] possui valor, seja este econômico ou

---

[II] Pode-se entender o desempenho competente como aquele que atende ou supera expectativas da organização.

social, tanto para a pessoa que o produz quanto para a organização em que ela trabalha.⁽³⁾

Compreendeu claramente a lógica dos elementos dispostos na Figura 1.1? Se não, veja o exemplo a seguir. No setor de serviços, é comum as empresas estabelecerem, entre os padrões desejados de desempenho (**demandas do contexto organizacional**), a expectativa de que seus empregados manifestem o seguinte **comportamento**: *"atender o cliente com receptividade e cortesia, considerando suas expectativas e características"*.⁽³, p. ⁴⁵⁾ É razoável supor que, para que prestar um atendimento de qualidade ao cliente, o atendente tenha que mobilizar, entre outros: (a) **conhecimentos** sobre os serviços da empresa, características da clientela, rotinas e processos de trabalho; (b) **habilidades** para identificar o produto ou serviço mais adequado às necessidades do cliente, comunicar-se de forma clara e argumentar com o cliente; e (c) **atitudes** (predisposição) para manifestar empatia, receptividade e cortesia. Sem algum desses três elementos (conhecimentos, habilidades e atitudes), o comportamento não poderia ser expresso pelo atendente. Ao manifestar esse comportamento no trabalho, por sua vez, é provável que o atendente tenha como consequência **resultados** ou realizações, como a satisfação dos consumidores e a conquista de novos clientes. Como tais resultados vão ao encontro de expectativas organizacionais, então esse **desempenho** gerado pelo atendente agrega valor tanto para ele quanto para a organização em que trabalha.

No setor público brasileiro, a competência no trabalho é concebida de forma semelhante à proposta na Figura 1.1 anterior. Segundo o Decreto nº 5.707, de 23 de fevereiro de 2006, que institui diretrizes para o desenvolvimento de pessoal da Administração Pública Federal, a competência pode ser entendida como um *"conjunto de conhecimentos, habilidades e atitudes necessários ao desempenho das funções dos servidores, visando ao alcance dos objetivos da instituição"*.⁽¹²⁾ Também está presente nessa definição a ideia de que a competência é evidenciada quando o indivíduo mobiliza e aplica, em seu trabalho, um conjunto de conhecimentos, habilidades e atitudes, para gerar um desempenho adequado às necessidades organizacionais.

Perceba que até aqui referimo-nos à competência no plano individual, como uma propriedade inerente a um profissional em seu contexto de trabalho. É possível, no entanto, elevar esse conceito a equipes de trabalho, unidades produtivas ou mesmo à organização por completo,[25; 4] o que será discutido a seguir.

1.2 A competência nos diferentes níveis organizacionais

Muitos autores associam o conceito de competência não apenas a pessoas, mas também a outros níveis organizacionais.[4; 24] Alguns sustentam que equipes de trabalho ou unidades produtivas podem manifestar competências coletivas, propriedades que emergem das relações sociais estabelecidas na equipe e da articulação entre as competências individuais de seus integrantes.[28] Zarifian,[22] por exemplo, argumenta que em cada equipe de trabalho se manifesta uma competência coletiva, que representa mais do que a simples soma das competências individuais de seus membros. Isso porque existiria um efeito sinérgico entre as competências dos integrantes da equipe e as interações sociais estabelecidas entre eles.

Vejamos o exemplo de uma equipe cirúrgica em uma emergência hospitalar. Cada membro da equipe (anestesista, cirurgião titular, cirurgião auxiliar, enfermeiro, instrumentador e auxiliar de enfermagem) oferece diferentes contribuições em termos de competências individuais. As interações sociais estabelecidas entre eles no trabalho podem dar origem a uma competência coletiva, que poderia ser descrita como a capacidade de *"salvar vidas humanas por meio de intervenções cirúrgicas apropriadas ao tratamento de enfermidades"*.[25, p. 7] Essa competência constitui uma propriedade da equipe, e não de seus integrantes isoladamente. Situa-se, portanto, no nível de uma equipe ou unidade da organização.

Outros autores elevam o conceito ao nível organizacional, referindo-se à competência como um atributo da organização, que a torna eficaz e permite a consecução de seus objetivos estratégicos.[29] Para Prahalad e Hamel,[4] por exemplo, competências essenciais constituem propriedades da organização, que lhe conferem vantagem competitiva, geram valor distintivo percebido pelos clientes e são difíceis de ser imitadas pela concorrência. Sob essa perspectiva, as interações estabelecidas entre as diversas equipes ou unidades da organização, aliadas a sistemas físicos e gerenciais, dariam origem e sustentação a competências organizacionais, que constituem atributos da organização, e não de suas equipes ou empregados isoladamente.[1]

A cultura de inovação da *Google*, a mecânica de alta precisão da *Canon*, o *design* de motores leves e eficientes da *Honda*, a concepção e produção de eletrônicos miniaturizados da *Sony* e o *design* inovador e funcional da *Apple* são exemplos de competências organizacionais muito citados.[4; 108; 109] No Brasil, a capacidade de geoprocessamento da *Empresa Brasileira de Pesquisa Agropecuária – Embrapa*,[30] a inovação na concepção e produção de aviões comerciais da *Embraer*,[24] a celeridade e confiabilidade na apuração de resultados eleitorais do *Tribunal Superior Eleitoral – TSE*, e a capacidade de exploração de petróleo em águas profundas da *Petrobras*[3] são exemplos comumente mencionados.

Tais proposições permitem classificar as competências como **individuais**[III] (aquelas relacionadas a profissionais, no plano individual) e **organizacionais**[IV] (aquelas que se referem a atributos ou capacidades da organização em sua totalidade ou de suas unidades produtivas), cabendo ressaltar que um nível influencia o outro, e vice-versa, de tal forma que as competências individuais afetam as competências organizacionais e ao mesmo tempo são influenciadas por estas.

Essa classificação fundamenta-se em um dos principais pressupostos do campo do comportamento organizacional: o de que as organizações constituem sistemas multiníveis e seus resultados são influenciados por processos que ocorrem em cada nível, os quais interagem entre si, de forma interdependente.[31; 32] Nesse sentido, existiriam predominantemente[V] três níveis de análise das organizações: o individual ou micro-organizacional (que estuda aspectos psicossociais do indivíduo e as dimensões de sua atuação no contexto organizacional); o grupal ou meso-organizacional (que

---

[III] As competências individuais representam expectativas em relação ao desempenho de indivíduos em seu trabalho; podem ser também denominadas competências humanas ou profissionais.[1; 3]

[IV] As competências organizacionais representam expectativas em relação ao desempenho da organização por completo ou de suas unidades produtivas; alguns autores as denominam competências essenciais,[4] enquanto no setor público brasileiro é mais comum denominá-las competências institucionais.[12]

[V] Embora exista certo predomínio da análise em três níveis, não há consenso na literatura sobre o tema. Há autores que propõem a existência de dois grandes níveis de análise (o macro e o microcomportamento organizacional), enquanto para outros existiriam quatro níveis (indivíduo, equipes de trabalho, departamentos ou unidades organizacionais e a organização como um todo).[32]

se atém a processos de grupos e equipes de trabalho); e o macro-organizacional ou simplesmente organizacional (que focaliza a organização por completo).

Sob essa perspectiva, as competências individuais dos integrantes de uma equipe de trabalho influenciam as competências coletivas da equipe, ao mesmo tempo em que são influenciadas por estas. Da mesma forma, as competências de equipes de trabalho afetam as competências organizacionais, e vice-versa. As competências nos diferentes níveis (individual, de equipes e organizacional), por sua vez, são influenciadas por estímulos e demandas presentes no contexto organizacional, social e econômico, ao mesmo tempo em que influenciam o ambiente ou contexto no qual a organização está inserida, conforme ilustra a Figura 1.2.

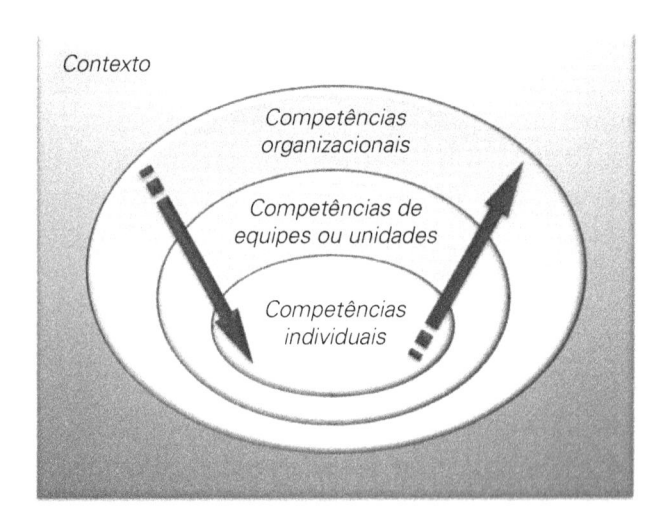

Figura 1.2 Competências nos diferentes níveis organizacionais.

Fonte: Brandão, Puente-Palacios e Borges-Andrade.[25]

Considerando essa influência recíproca entre as competências nos diferentes níveis organizacionais, exposta na Figura 1.2, tornou-se um grande desafio para as organizações compreender e gerenciar os processos pelos quais a expressão de competências se propaga do indivíduo para os níveis superiores (equipes, unidades e organização por completo), o que se convencionou denominar transferência ascendente. Importa também, de outro lado, entender e intervir sobre os processos pelos quais as competências e outras características dos níveis superiores da organização (como a estratégia, a cultura e o clima organizacional, por exemplo) influenciam a expressão de competências pelo indivíduo em seu trabalho, o que pode ser denominado transferência descendente.[25]

Conceito complexo, que pode ser analisado sob a ótica de diferentes postulados,[2; 6] a competência no trabalho tem sido gerenciada nas organizações na expectativa de que ela gere efeitos positivos sobre o desempenho de profissionais, equipes de trabalho e da própria organização.[1; 3]

Insere-se nesse contexto a adoção de modelos de gestão baseados na noção de competência.[3; 33] Muitas empresas têm recorrido à utilização desses modelos visando planejar, captar, desenvolver e avaliar, nos diferentes níveis da organização, as competências necessárias à consecução de seus objetivos,[8; 34] o que se discute a seguir.

1.3 A gestão por competências

A denominada gestão por competências[VI] constitui um modelo de gestão que se utiliza do conceito de competência para orientar diversos processos organizacionais, em especial os relacionados à gestão de pessoas. Valendo-se de diferentes estratégias e instrumentos, tem o propósito de identificar, desenvolver e mobilizar as competências necessárias à consecução dos objetivos organizacionais.

Utilizaremos o diagrama disposto na Figura 1.3, elaborado por Brandão e Bahry,[35] para ilustrar as principais etapas ou fases desse modelo. Antes de comentar o referido diagrama, no entanto, é importante lembrar que todo modelo, por essência, é simplificador. Este então não tem a pretensão de exaurir todos os processos, atividades e interações afetas à gestão por competências, mas apenas expor, de forma resumida, a lógica de funcionamento desse modelo.

[VI] Embora neste livro se utilize a expressão *gestão por competências* para denominar esse modelo de gestão, alguns autores adotam denominações diferentes para expressar concepções semelhantes. É comum na literatura sobre o assunto a utilização de expressões como *gestão de competências* e *gestão baseada em competências*, entre outras, que representam essencialmente a mesma ideia. Seguindo sugestões de Le Boterf[28] e de Carbone et al.,[3] optou-se aqui por utilizar a denominação *gestão por competências*, porque a partícula "por", quando utilizada na formação de adjuntos, indica fim, propósito, destino, desejo. Assim, a expressão *gestão por competências* inspira a ideia de que o esforço gerencial tem como propósito alavancar, desenvolver, mobilizar competências.

Observe na Figura 1.3 que se trata de um processo contínuo, que tem como etapa inicial a formulação da estratégia organizacional, ocasião em que são definidos a missão, a visão de futuro e os objetivos estratégicos da organização. Tais elementos descrevem, respectivamente, o propósito principal da organização, o que ela deseja ser no futuro e os desígnios que ela pretende atingir em determinados prazos.[3]

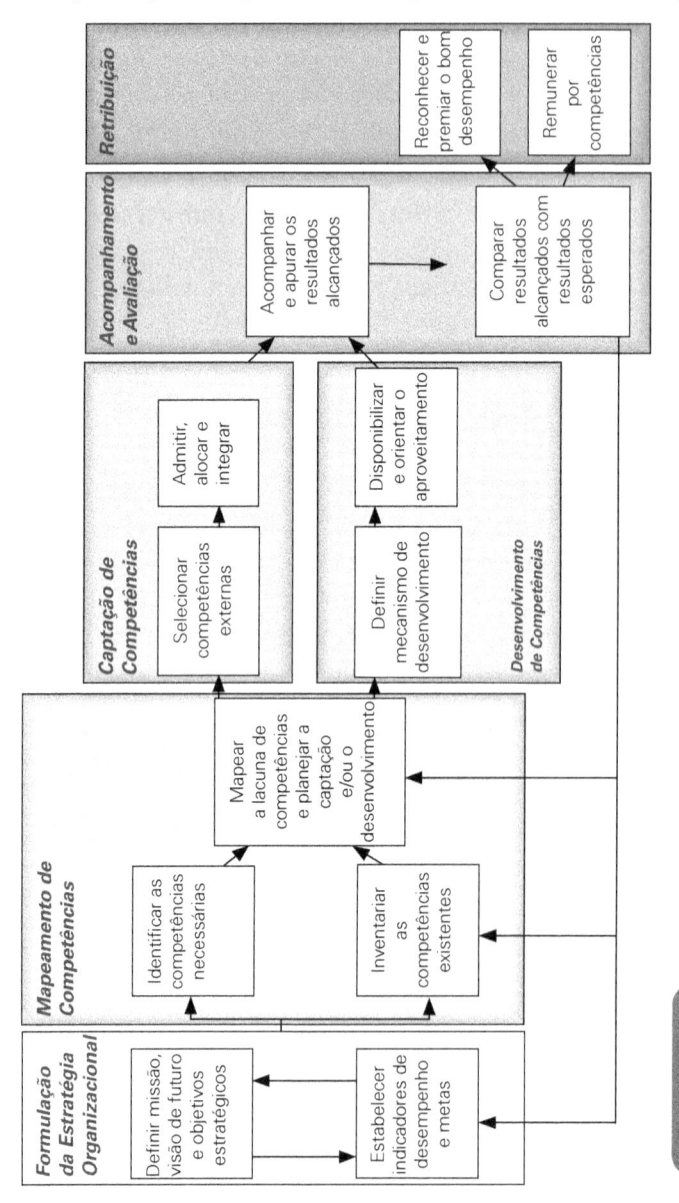

Figura 1.3 Modelo de gestão por competências.

Fonte: Brandão e Bahry.[35]

A Competência e a Gestão por Competências

Para exemplificar essa primeira etapa, vamos supor que uma organização hipotética tenha, como componente da sua visão de futuro, *"ser uma empresa de elevada reputação no mercado, reconhecida pela alta qualidade de seus produtos e serviços"*. Para que essa visão pudesse ser concretizada em determinado prazo, seria importante essa organização estabelecer, entre outros, o objetivo estratégico de *"elevar o grau de satisfação dos clientes em relação aos produtos e serviços oferecidos pela empresa"*.

Com base nesses elementos da estratégia organizacional, seria possível então estabelecer indicadores de desempenho e respectivas metas.[35] Um indicador constitui um parâmetro quantificável, que pode ser utilizado para medir o desempenho de uma organização em relação a seus objetivos. Refere-se a uma variável mensurável, que tem como função indicar, utilizando escalas referenciais específicas, um estágio de desenvolvimento desejável para a organização ou parte dela.[36] Aos indicadores são associados os conceitos de índice e de padrão. O primeiro é utilizado para quantificar o indicador, representando o resultado numérico de uma relação matemática, enquanto o segundo constitui o padrão de desempenho desejado, ou seja, a meta a ser alcançada.[36]

Assim, voltando ao exemplo, a organização poderia estabelecer como indicador de desempenho a "satisfação do cliente" e, como índice, o "percentual de clientes muito satisfeitos" com os produtos e serviços da organização. Neste caso, a meta a ser atingida poderia ser hipoteticamente definida como *"elevar de 60% para 68% o percentual de clientes muito satisfeitos"*. Se o indicador fosse, por sua vez, definido como a "pontualidade nas entregas", então o índice poderia ser o "percentual de produtos entregues dentro do prazo acordado com o cliente", enquanto o padrão ou meta seria por exemplo *"elevar de 90% para 95% o percentual de produtos entregues no prazo"*.[3, p. 51]

Dado esse exemplo, você deve estar se perguntando se a existência de uma estratégia organizacional representa um requisito ou condição para gerenciar competências. A resposta é sim: uma estratégia precisa existir, ainda que esteja registrada apenas na mente das pessoas (dirigentes ou empregados da organização). É ela que determina o norte, a situação desejada, o que a empresa deseja alcançar. Se a organização não sabe o que quer ou aonde espera chegar, então qualquer caminho ou competência serve. Não é?!

Uma vez formulada a estratégia organizacional, torna-se possível realizar o diagnóstico ou mapeamento de competências, o que constitui a segunda etapa do processo. O mapeamento objetiva fundamentalmente identificar o denominado *gap*[VII] de competências, isto é, a diferença entre as competências necessárias para concretizar a estratégia formulada e as competências internas já disponíveis na organização.[35]

A Figura 1.4 expressa graficamente essa ideia. Nela, há uma "curva ascendente" que representa as competências desejadas, aquelas necessárias para que a organização possa alcançar seus objetivos. Essa curva tende a possuir inclinação ascendente, porque a dinâmica e a complexidade do ambiente no qual as organizações estão inseridas fazem surgir constantemente novas necessidades de competências.[3] De outro lado, há uma "curva descendente", que representa as competências atuais, aquelas que já estão disponíveis na organização. Essa curva tende a possuir inclinação descendente, pois as frequentes mudanças sociais, econômicas, tecnológicas e culturais a que estamos sujeitos podem fazer com que nossas competências tornem-se obsoletas com o passar do tempo. A situação ideal para uma empresa é aquela caracterizada pelo ponto de intersecção entre as duas curvas, o qual indica a inexistência de *gap* de competências, ou seja, que a organização dispõe de todas as competências necessárias à consecução de seus objetivos. Em ambientes empresariais caracterizados pelo dinamismo e pela concorrência acirrada, essa situação idealizada raramente ocorre. Quando ocorre, em geral não se mantém por muito tempo. O mais comum é a existência de algum *gap* de competências a ser eliminado. E se a organização não adota constantemente providências para adquirir as competências de que necessita, essa lacuna tende a crescer,[35] como sugere a Figura 1.4, o que pode prejudicar muito a sustentabilidade e a competitividade da empresa.

[VII] Termo que em inglês significa distância, lacuna, divergência, diferença. A expressão *gap* de competências, portanto, denota a ideia de existência de uma diferença ou discrepância entre uma situação idealizada (competências desejadas pela organização) e a situação real (competências existentes na organização).

A Competência e a Gestão por Competências

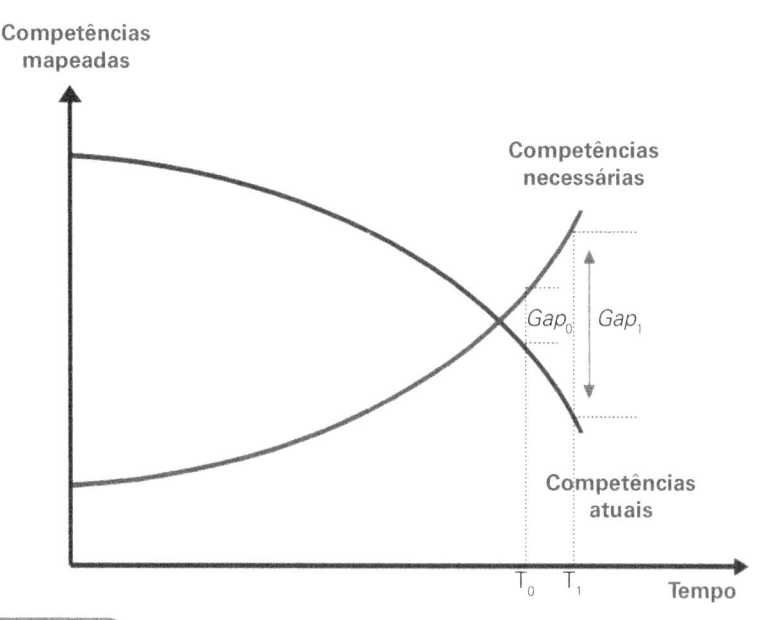

Figura 1.4 Identificação do *gap* (lacuna) de competências.

Fonte: Ienaga *apud* Brandão e Guimarães,[1] com adaptações.

O mapeamento constitui etapa fundamental da gestão por competências, visto que orienta as ações organizacionais para captar e/ou desenvolver as competências identificadas como relevantes à organização. É necessário realizá-lo de forma precisa, com rigor metodológico e a utilização de técnicas e instrumentos específicos, os quais serão detalhados adiante, no Capítulo 2 deste livro. Se o mapeamento for impreciso, equivocado, ficarão prejudicadas as etapas de captação, desenvolvimento e avaliação de competências.

A captação refere-se à seleção de competências externas e sua integração ao ambiente organizacional. No nível individual, pode ocorrer por meio de ações de recrutamento e seleção de pessoas, em que a organização vai ao mercado para identificar e contratar profissionais que possuem as competências de que ela necessita. No nível organizacional, por sua vez, a captação pode ocorrer por meio de fusões, aquisições, parcerias, *joint ventures* e alianças estratégicas, em que uma empresa se associa a outra para obter ou compartilhar suas competências organizacionais.[1]

Vamos retornar àquele exemplo anterior, em que uma organização hipotética tinha como meta *"elevar de 60% para 68% o percentual de clientes muito satisfeitos com seus produtos e serviços"*. Para alcançar essa meta, seria fundamental que seus funcionários fossem capazes de *"atender o cliente com receptividade e cortesia, considerando suas expectativas e características"*. Esse comportamento – de prestar um atendimento excelente ao cliente – representa uma competência individual, que teria como provável consequência a elevação do nível de satisfação do cliente. Em um contexto como esse, as ações de captação deveriam recair sobre o recrutamento, a seleção e a admissão de pessoas que possuíssem tal competência.[3, p. 54]

O desenvolvimento, por sua vez, diz respeito ao incremento ou aprimoramento interno das competências disponíveis na organização. Ocorre por meio de processos de aprendizagem, sejam eles formais ou informais. A aprendizagem, sob o enfoque cognitivista, é tradicionalmente entendida como um processo psicossocial pelo qual o indivíduo adquire conhecimentos, habilidades e atitudes.[19; 37] É formal quando decorre de ações estruturadas, intencionalmente planejadas para promover o desenvolvimento de competências, como é o caso da realização de cursos, seminários, orientação profissional (*coaching* ou mentoria, por exemplo), rodízio de atividades (*job rotation*) e outros. É informal, de outro lado, quando não for estruturada e constituir iniciativa do próprio empregado, com ou sem o apoio da organização, como ocorre no intercâmbio informal de conhecimentos.[37] Assim, quando alguém realiza um treinamento promovido pela organização, está, na prática, participando de um processo de aprendizagem formal. Quando, por sua vez, a pessoa procura apoio em materiais escritos (livros, manuais e *sites* na internet etc.) ou solicita ajuda a colegas de trabalho para utilizar um novo sistema da empresa, por exemplo, está então aprendendo informalmente.[20]

Retornemos ao exemplo anterior. Se hipoteticamente os funcionários da organização necessitam ser capazes de *"atender o cliente com receptividade e cortesia, considerando suas expectativas e características"* – visando elevar o grau de satisfação do cliente –, as ações de aprendizagem disponibilizadas pela organização devem então ter o desenvolvimento dessa competência como um objetivo educacional.[3, p. 54]

A Competência e a Gestão por Competências

Ainda em relação ao processo disposto na Figura 1.3, a etapa de acompanhamento e avaliação funciona como mecanismo de *feedback* ou retroalimentação, dentro de uma abordagem sistêmica, à medida que os resultados alcançados são identificados e comparados com aqueles que eram esperados. Nessa etapa, monitoram-se a execução dos trabalhos e os respectivos indicadores de desempenho, visando identificar e corrigir eventuais desvios. Em seguida, verifica-se se as ações adotadas pela organização foram eficazes para, por exemplo, promover a captação e/ou o desenvolvimento da competência de *"atender o cliente com receptividade e cortesia, considerando suas expectativas e características"*. Avalia-se também se essa competência teve como decorrência a *"elevação de 60% para 68% do percentual de clientes muito satisfeitos"*, como supostamente era esperado.[3, p. 55] Essa avaliação de desempenho gera informações que subsidiam as etapas anteriores do processo, induzindo revisões na estratégia organizacional, no mapeamento de competências e nos processos de captação e desenvolvimento, dentro de uma abordagem sistêmica.

Finalmente, na etapa de retribuição, a organização poderia reconhecer, premiar e remunerar, de forma diferenciada, as pessoas, equipes de trabalho e unidades produtivas que mais contribuíram para a consecução dos resultados planejados, o que serviria de estímulo à manutenção de competências desejadas e à correção de eventuais desvios.[35]

Pela descrição das etapas dispostas na Figura 1.3, você pôde perceber que, na gestão por competências, os principais processos de gestão de pessoas (recrutamento e seleção, avaliação de desempenho, educação corporativa e remuneração) exercem papel fundamental, estimulando, induzindo ou promovendo diretamente o desenvolvimento de competências. Embora tais processos não constituam o foco central deste livro, vamos explorar adiante, no Capítulo 3, um pouco mais a respeito das aplicações e implicações do mapeamento de competências sobre diferentes processos e instrumentos de gestão de pessoas. Por hora, no próximo capítulo, nos dedicaremos a explorar em detalhes o mapeamento de competências, processo que constitui o foco principal deste livro. Serão expostos os principais métodos, técnicas e instrumentos geralmente utilizados para mapeamento de competências, assim como a observância de cuidados metodológicos fundamentais para realizar um diagnóstico acurado das competências relevantes à organização.

2
O Mapeamento de Competências

2

O Mapeamento de Competências

Antes de abordarmos os principais instrumentos e técnicas geralmente utilizados para mapeamento de competências, é necessário comentar alguns cuidados metodológicos que devem ser observados para descrição de competências.

2.1 A descrição operacional de competências

Como as competências individuais são geralmente utilizadas para qualificar a ação ou atuação do indivíduo em determinado contexto de trabalho,[27; 19] parece mais indicado descrevê-las operacionalmente em termos de padrões de desempenho, que representam expectativas da organização em relação ao desempenho de seus empregados.[2]

É importante, então, que os padrões de desempenho descritos para representar competências individuais sejam objetivos e passíveis de observação no trabalho, indicando à pessoa exatamente o que é esperado dela. Quando a descrição não é clara, nem objetiva, o indivíduo pode dar à competência a interpretação que melhor lhe convém.[3]

A descrição de uma competência individual, portanto, representa um desempenho ou comportamento esperado, devendo indicar explicitamente o que o profissional deve ser capaz de fazer em seu trabalho. Esse desempenho é descrito utilizando-se um verbo e um objeto de ação,[1] como, por exemplo:

"Redigir textos."
"Analisar documentos."
"Solucionar problemas."
"Operar sistemas informatizados."

Como visto nesses exemplos, uma competência deve descrever uma ação que se deseja que o indivíduo execute, uma atuação que possa ser diretamente observada e avaliada no trabalho. Sua descrição deve ser suficientemente específica para enunciar claramente o que se espera do profissional e para permitir que os outros observem

---
[1] Estes procedimentos e exemplos foram sugeridos por Mager[38; 39] para a formulação de objetivos instrucionais, mas se aplicam à descrição de competências.

O Mapeamento de Competências

diretamente e avaliem em que medida o indivíduo manifesta a competência no trabalho.

É relativamente comum, no entanto, encontrarmos competências descritas inadequadamente, de forma que não representam desempenhos explícitos, mas, sim, situações abstratas, como:

> *"Refletir sobre o seu papel na equipe."*
> *"Compreender as rotinas de trabalho."*
> *"Conhecer os produtos e serviços da organização."*
> *"Internalizar as crenças e valores da organização."*

Estes enunciados, pelo menos da forma como descritos, não fazem referência a desempenhos objetivos, explícitos, específicos. Não podem, portanto, ser considerados competências individuais, mas, sim, situações abstratas. Segundo Mager,[38] uma abstração constitui um estado ou situação em que se deseja que uma pessoa esteja. Não representa uma ação concreta, que pode ser direta e objetivamente observada.

Em geral, quando deparamos com enunciados que sugerem abstrações, como aqueles dispostos nos referidos exemplos, podemos fazer algumas indagações para confirmar a suspeita: *"Compreender"* ou *"internalizar"* podem ser considerados ações ou desempenhos concretos? Podemos verificar direta e objetivamente se o indivíduo é capaz de *"conhecer"* ou de *"refletir"* corretamente sobre algo? Em um contexto de trabalho, podemos verificar diretamente se os profissionais executam esses "desempenhos" de forma satisfatória? Se as respostas são negativas, então de fato estamos diante de enunciados que representam abstrações, e não competências individuais.

A existência de um estado abstrato, no entanto, pode ser inferida a partir de um ou mais comportamentos ou desempenhos explícitos.[38] Para identificarmos e descrevermos clara e objetivamente o que se espera que o indivíduo seja capaz de fazer no trabalho, podemos formular indagações como: Para que é importante que o profissional *"conheça os produtos e serviços da organização"*? Como podemos verificar se o indivíduo *"internalizou as crenças e valores da organização"*? Respostas a questões como essas provavelmente indicarão as competências individuais desejadas do profissional.

Então vejamos: pode ser importante que o profissional "*conheça os produtos e serviços da organização*" para que seja capaz de "*apresentar aos clientes as características dos produtos e serviços da organização*" ou para "*auxiliar o cliente na escolha do produto ou serviço que melhor atenda às necessidades dele*". Se este for o caso, é melhor que a competência seja assim descrita, pois "*apresentar produtos e serviços*" e "*auxiliar o cliente*" constituem desempenhos explícitos, ações concretas que podem ser observadas e avaliadas no ambiente de trabalho, enquanto "*conhecer os produtos e serviços*" representa um estado abstrato.

Vejamos outro exemplo: suponhamos que a responsabilidade socioambiental constitua uma das "*crenças ou valores da organização*". Então, se o profissional, no seu contexto de trabalho, "*propõe ações para promover a economia de recursos naturais (papel, água, energia etc.)*", é possível deduzir que ele tem a responsabilidade socioambiental como um valor. "*Propor ações para promover a economia de recursos naturais*" caracteriza uma competência individual, pois descreve uma ação que pode ser observada no ambiente de trabalho e que nos permite inferir que o profissional respeita a crença da organização na responsabilidade socioambiental. "*Internalizar as crenças ou valores da organização*", de outro lado, não pode ser considerada uma competência individual, porque representa apenas uma abstração, e não um desempenho explícito.

Para oferecer outro exemplo, podemos recorrer a mais uma indagação: por que o empregado deve "*compreender as rotinas de trabalho*"? Pode ser importante que o profissional "*compreenda as rotinas de trabalho*" para que possa "*organizar processos administrativos eficientemente*" ou para "*identificar e corrigir adequadamente falhas no processo produtivo*". Se assim for, é melhor que as competências sejam descritas dessa forma, pois "*organizar processos*" e "*identificar e corrigir falhas*" caracterizam desempenhos observáveis, que indicam clara e objetivamente o que o empregado deve ser capaz de *fazer* no trabalho, enquanto o enunciado "*compreender as rotinas de trabalho*" descreve apenas uma situação abstrata.

Entendeu a diferença entre enunciados que descrevem desempenhos objetivos (ou seja, competências individuais) e aqueles que representam situações abstratas? Então procure exercitar um pouco. Faça o Exercício 1, disponível no Apêndice deste livro, e veja o quão bem você consegue distinguir desempenhos explícitos e enunciados que descrevem apenas abstrações.

Vimos até aqui que a descrição de uma competência individual deve conter, necessariamente, um *verbo* e um *objeto de ação*, como *"digitar textos"*, *"redigir pareceres"*, *"organizar processos"* e *"solucionar problemas"*. Podem ser acrescidos à descrição da competência, sempre que possível e conveniente, uma *condição* na qual se espera que o desempenho ocorra e/ou *critérios* que indiquem padrões de qualidade ou níveis de desempenho considerados satisfatórios.[3; 38]

Certas vezes, para que a competência seja claramente descrita, é preciso especificar as condições sob as quais se espera que o desempenho ocorra. Condições são restrições ou elementos impostos ao profissional, que indicam as circunstâncias sob as quais se espera que ele manifeste o desempenho desejado.[38] O estabelecimento de condições é particularmente importante quando se deseja que o indivíduo, para apresentar o desempenho esperado, faça uso (ou não) de determinados instrumentos, equipamentos, procedimentos, métodos ou técnicas. Observe os seguintes exemplos:

> *"Organizar processos, de acordo com o fluxograma definido pela empresa."*
>
> *"Digitar textos, utilizando o aplicativo Word®."*
>
> *"Solucionar problemas matemáticos, sem utilizar calculadoras."*
>
> *"Formular planilhas de cálculo, utilizando o aplicativo Numbers®."*
>
> *"Redigir pareceres, observando normas do manual de redação da organização."*
>
> *"Prestar atendimento remoto aos clientes, contatando-os por meio de aplicativos para dispositivos móveis (tablets, smartphones e smartwatches).*

Perceba que nessas descrições de competências individuais, além do *verbo* e do *objeto da ação*, há *condições* nas quais se deseja que o desempenho ocorra. Tais condições explicitam restrições (como "sem utilizar calculadoras", por exemplo) ou determinados procedimentos, regras ou instrumentos (como os aplicativos *Word®* e *Numbers®*) impostos ao profissional. Ajudam, portanto, a delimitar de forma mais clara e específica a natureza do desempenho esperado do indivíduo.

Critérios, por sua vez, referem-se a padrões desejados ou níveis de desempenho considerados satisfatórios.[35; 38] Podem ser descritos em termos de velocidade, exatidão, qualidade, quantidade ou quaisquer outros padrões pelos quais a competência do indivíduo pode ser julgada. Segundo Mager,[38] indicar critérios é particularmente importante porque estes nos ajudam a comunicar o quão bem o profissional deve atuar para que seu desempenho seja considerado adequado. Se rapidez, periodicidade, limite de tempo, precisão, presteza ou outro critério são aspectos relevantes, é importante incluí-los na descrição da competência, a fim de indicar claramente o padrão de êxito desejado do profissional.

Na competência individual "*atender o cliente, com presteza e cordialidade*", por exemplo, os termos *presteza* e *cordialidade* representam critérios de qualidade do desempenho esperado do profissional. Não é esperado que o indivíduo tão somente *atenda o cliente*, de qualquer jeito, mas que ele o faça manifestando *presteza e cordialidade*. Se tais atributos são importantes para caracterizar o bom atendimento, então é importante que sejam explicitados na descrição da competência, pois ajudam a indicar ao profissional exatamente o que ele deve ser capaz de fazer no trabalho. Vejamos outro exemplo: "*digitar textos, a 150 toques por minuto, sem erros ortográficos*". Note que "*digitar textos*" constitui a ação ou desempenho esperado do indivíduo, enquanto a expressão o "*a 150 toques por minuto*" representa um critério de agilidade e "*sem erros ortográficos*" indica a exatidão desejada do texto digitado. Estes critérios são relevantes? Ajudam a caracterizar melhor o que o profissional deve ser capaz de fazer? Se sim, é importante explicitá-los na descrição da competência. Observe outros exemplos de critérios:

"*Solucionar problemas em processos de trabalho, de forma criativa.*"
"*Elaborar relatórios, com correção gramatical e ortográfica.*"
"*Comunicar-se na forma oral e escrita, com clareza e objetividade.*"
"*Negociar contratos comerciais, demonstrando integridade.*"
"*Mediar conflitos, com imparcialidade.*"
"*Responder consultas de clientes em redes sociais, com espontaneidade e agilidade.*"

O Mapeamento de Competências

Nem sempre é fácil distinguir se uma expressão representa uma condição ou um critério. Às vezes, ambos se confundem. Mas é desnecessário despender esforço demasiado para promover essa classificação, pois o importante é que a descrição da competência comunique claramente o que a organização espera que seus empregados sejam capazes de realizar no trabalho.[38] É bom ressaltar também que nem sempre é prático ou útil acrescentar condições ou critérios. Se o desempenho (verbo e objeto da ação) já é suficientemente claro e específico para indicar ao indivíduo o que se espera dele no trabalho, então é desnecessário enchê-lo de condições ou critérios, posto que a descrição de uma competência deve ser tão concisa quanto possível.[3]

Em Mager,[38; 39] você poderá encontrar mais exemplos e orientações sobre o uso de condições e critérios. Esse autor sugeriu a utilização desses elementos originalmente para a formulação de objetivos educacionais, mas suas proposições aplicam-se também à descrição de competências individuais no trabalho.

Para garantir que a descrição de uma competência indique, de forma inequívoca, o desempenho esperado do profissional no trabalho, é importante observar alguns cuidados. É recomendado EVITAR:[II]

a) ***a construção de descrições muito longas e com múltiplas ideias***.

Vejamos o seguinte exemplo: *"desenvolver, sugerir e implementar soluções que atendam às necessidades da organização, assumindo riscos, conciliando interesses e responsabilizando-se por compromissos assumidos, a fim de obter melhores resultados"*.

Perceba que essa descrição apresenta muitas ideias distintas: desenvolver soluções, sugerir soluções, implementar soluções, assumir riscos, conciliar interesses, responsabilizar-se, obter resultados. Não é demais?!

[II] Estas recomendações foram elaboradas com base em proposições de: Mager[39] acerca da formulação de objetivos instrucionais; Rocha e Christensen,[64] Viegas[66] e Richardson[43] sobre a construção de instrumentos de pesquisa; e Brandão e Bahry[35] e Carbone et al.[3] acerca da descrição operacional de competências.

Descrições como essa são desaconselháveis principalmente por dois motivos. Primeiro, porque dificultam a compreensão das pessoas. Se o profissional não compreende claramente o que a organização deseja, como poderá corresponder às expectativas dela? Segundo, porque as pessoas, ainda que compreendam o conteúdo da competência, terão grande dificuldade para avaliá-la. Coloque-se no lugar de um gestor que, ao final do semestre, deve avaliar em que medida os integrantes de sua equipe manifestam essa competência no trabalho. Suponha que essa avaliação exija a atribuição de um conceito, utilizando a seguinte escala: 1 (não expressou a competência); 2 (expressou pouco a competência); 3 (expressou medianamente a competência); 4 (expressou muito a competência); e 5 (expressou plenamente a competência). Seria fácil fazer uma avaliação precisa? Pois então vejamos. Suponha que um dos empregados avaliados: *desenvolve* e *sugere muitas soluções*, mas nunca as *implementa*; *assume muitos riscos*, mas *se responsabiliza pouco* pelas soluções desenvolvidas; *concilia interesses*, mas *obtém resultados insatisfatórios* para a empresa. Como avaliá-lo? Seria correto atribuir que conceito? Neste caso, qualquer que seja o conceito atribuído pelo avaliador, é pouco provável que a avaliação reflita, de forma precisa, o desempenho do avaliado nessa competência. Quando a descrição da competência é longa e possui múltiplas ideias, além de dificultar a compreensão do avaliador, ela exige dele muito esforço cognitivo para se proceder à avaliação, o que a torna naturalmente mais sujeita a vieses e imprecisões. Em estudo realizado por Jones e Fletcher,[40] por exemplo, verificou-se que, em autoavaliações de competências que continham múltiplas ideias, os avaliadores tendiam a ser mais lenientes (brandos) na atribuição de conceitos, comparativamente à autoavaliação de competências que descreviam uma única ideia. É possível que isso tenha ocorrido porque os avaliadores, diante da necessidade de avaliar e ponderar múltiplas ideias (diferentes elementos presentes na descrição de uma mesma competência), tenham baseado suas estimativas – os conceitos atribuídos – apenas nos elementos em que se percebiam melhor.

b) **obviedades**, como *"coordenar reuniões que são marcadas"* ou *"elaborar relatórios e pareceres, quando demandado"*. Os termos "que são marcadas" e "quando demandado" são desnecessários, porque constituem obviedades. Para plena compreensão dos profissionais, seria suficiente dizer: *"coordenar reuniões"*; e *"elaborar relatórios e pareceres"*. Tanto quanto possível, é aconselhável privilegiar a concisão.

c) **duplicidades ou redundâncias**, como, por exemplo, *"solucionar problemas de forma inédita e original"*. Se recorrermos ao dicionário, poderemos verificar que os adjetivos inédito e original são definidos como sinônimos. Se assim o são, não há necessidade de utilizá-los concomitantemente. Bastaria empregar um ou outro como critério de qualidade da "solução de problemas". Não seria melhor dizer simplesmente *"solucionar problemas de forma original"*? Certamente.

Vejamos outro exemplo: *"selecionar métodos de trabalho adequados e viáveis à consecução das estratégias organizacionais"*. Pode um método de trabalho "inexequível" ser considerado "adequado"? Não, pois o conceito de adequação do método de trabalho pressupõe a sua viabilidade. Se para revelar-se adequado, um método de trabalho precisa ser, necessariamente, viável, seria suficiente dizer: *"selecionar métodos de trabalho adequados à consecução das estratégias organizacionais"*.

d) **abstrações**, como, por exemplo, *"pensar o inédito, sugerindo ideias que resolvam conflitos"*. A expressão sublinhada constitui uma abstração. É difícil até imaginar o que seu formulador pretendeu dizer. Se essa competência fosse utilizada pela organização para avaliar o desempenho individual ou para identificar necessidades de aprendizagem, como avaliadores e avaliados procederiam? O que significa "pensar o inédito"? É provável que cada profissional faça uma diferente interpretação. Faz sentido avaliar algo que pode ser compreendido de diferentes maneiras? Seria útil essa avaliação? É pouco plausível que seja. A descrição de uma competência deve explicitar, de forma clara e objetiva, o que a organização espera que seus profissionais sejam capazes de fazer no trabalho. Neste exemplo, seria melhor dizer simplesmente: *"sugerir ideias que resolvam conflitos"*.

e) **estrangeirismos e a utilização de termos excessivamente técnicos**, que possam dificultar a compreensão da população a que se destina a competência. Vejamos o seguinte exemplo: "*Realizar análise fundamentalista para avaliar projetos de empresas start-ups*". Os termos sublinhados são oriundos da área de mercado de capitais. Análise fundamentalista, *grosso modo*, refere-se à análise da situação financeira, econômica e mercadológica da uma empresa e de suas projeções de resultados, enquanto *start-up* designa uma empresa em fase embrionária, em início de suas operações. A utilização de termos estrangeiros e/ou muito técnicos, como os mencionados neste exemplo, só se justifica quando: for difícil traduzi-los ou substituí-los por expressões de uso mais comum; e seu significado for plenamente compreendido pelos profissionais a que se destina a competência. Se não for este o caso, é melhor procurar redação alternativa. Para evitar o risco de as pessoas não compreenderem o que é esperado delas no trabalho, é preferível utilizar termos e construções de fácil apreensão.

f) **ambiguidades**, geralmente decorrentes de falhas na pontuação ou na construção da oração. Por exemplo: "*implementar modelos de gestão bem-sucedidos em outras organizações*". Aqui, parece haver duas interpretações possíveis. Pode ser esperado do profissional: implementar, na organização em que trabalha, modelos de gestão que foram bem-sucedidos em outras organizações; ou implementar, em outras organizações, modelos de gestão bem-sucedidos. Qual seria a interpretação correta? Imprecisões como esta devem ser evitadas a todo custo, pois, quando a descrição da competência não é livre de ambiguidades, o profissional pode dar a ela a interpretação que melhor lhe convém.[3]

g) **palavras desnecessárias**. Em vez de "*realizar análise de processos*", diga "*analisar processos*". Em vez de "*planejar pesquisas de natureza qualitativa*", escreva "*planejar pesquisas qualitativas*". Em vez de "*conduzir negociações de preços*", diga "*negociar preços*". Economize palavras. A descrição de uma competência deve ser tão concisa quanto possível.

h) **a utilização de verbos inadequados**, que não expressam desempenhos explícitos, ou seja, que não representam comportamentos passíveis de observação no trabalho. É o caso dos verbos *saber, apreciar, acreditar, entender, refletir, concentrar-se, ser, pensar, conhecer* e *internalizar*, dentre outros. Sua utilização dá margem a imprecisões, porque tais verbos não expressam ações concretas, que possam ser direta e objetivamente observadas no contexto do trabalho, conforme explicado no início deste capítulo.

Evitando essas inadequações, é mais provável que você consiga obter descrições claras e objetivas de competências. Adicionalmente, é aconselhável submeter as descrições formuladas à crítica de pessoas-chave da organização, visando identificar eventuais impropriedades que passaram despercebidas.[41] Outra boa prática consiste em realizar uma validação semântica[III] das competências descritas – procedimento que será brevemente descrito adiante, no tópico 2.2.4 deste capítulo –, visando garantir que todos os funcionários as compreendam da mesma forma.[3; 41]

Lembre-se de que competência bem formulada é aquela que consegue comunicar, de forma precisa, a atuação esperada do profissional, isto é, o que se deseja ele seja capaz de fazer no trabalho. Bom enunciado é aquele que exclui a possibilidade de má interpretação.[39]

Compreendeu os principais cuidados que devem ser tomados ao formular descrições de competências? Então procure exercitar. Antes de prosseguir, faça o Exercício 2, disponível no Apêndice deste livro, e veja o quão bem você identifica e corrige inadequações na descrição de competências individuais.

Feitas essas considerações sobre a descrição de competências, é possível apresentarmos, com exemplos ilustrativos, os principais procedimentos e técnicas utilizados para mapear competências, o que é feito a seguir.

[III] Esse procedimento consiste em entrevistar funcionários com diferentes características (gênero, idade, nível de escolaridade, cargo exercido etc.), objetivando identificar e corrigir eventuais incorreções, falhas, itens sugestivos e ambiguidades, para garantir que as descrições das competências sejam bem compreendidas pelas pessoas a que se destinam.[63]

2.2 Métodos, técnicas e instrumentos aplicados ao mapeamento de competências

Como comentado, o mapeamento – também denominado diagnóstico de competências – tem como propósito identificar o *gap* ou lacuna de competências, ou seja, a discrepância entre as competências necessárias para concretizar a estratégia corporativa e as competências internas existentes na organização.[42] O passo inicial desse processo consiste em identificar as competências (organizacionais e individuais) necessárias à consecução dos objetivos da organização.

Um equívoco comum nessa etapa é a organização, com o intuito de simplificar o processo, recorrer ao uso – por simples cópia literal – de competências sugeridas em glossários ou "dicionários de competências". Estes nada mais são que listas de descrições padronizadas de competências, geralmente intituladas por substantivos, como iniciativa, proatividade, flexibilidade, articulação, produtividade, comunicação e criatividade, entre outros. São oferecidos por livros, manuais ou empresas de consultoria, com base no pressuposto de que existiriam competências "universais", que em tese seriam aplicáveis a quaisquer empresas, ramos de atividades, profissionais ou contextos sociais, econômicos e culturais. Neste caso, a organização resumiria o processo de mapeamento à necessidade de escolher suas competências entre aquelas sugeridas em glossários.

Esse procedimento de fato parece simples, mas é pouco razoável, porque contradiz o próprio conceito de competência. Vimos, no capítulo anterior, que a competência individual possui o caráter de associar atributos pessoais à estratégia da organização e ao contexto em que eles são utilizados, dentro de uma mesma estrutura conceitual.[19; 2] Ora, se cada organização possui estrutura, cultura, estratégia e outras características que lhe são particulares, não é plausível desconsiderar isso no processo de mapeamento de competências. Este necessita ser preciso, específico, adequado às peculiaridades da organização; do contrário, ficariam prejudicadas outras etapas da gestão por competências, como o desenvolvimento e a avaliação de competências. Para que o mapeamento seja adequadamente realizado, é importante recorrer à aplicação de métodos e técnicas de pesquisa social,[35; 3] que permitam identificar, com razoável precisão, as competências relevantes para a estratégia e o contexto da organização. Vejamos algumas dessas técnicas e procedimentos.

2.2.1 Análise documental

A análise documental constitui uma técnica de pesquisa que objetiva permitir a descrição objetiva e sistemática do conteúdo de materiais escritos. Consiste em uma série de procedimentos que visam estudar e analisar um ou vários documentos para deles extrair conclusões sobre o objeto estudado. Trata-se de compreender melhor o conteúdo de materiais escritos pela análise de suas características (conteúdo manifesto, significados, intenções subjacentes e outras) e pela extração dos aspectos mais importantes.[43]

A análise do conteúdo de um documento ocupa-se fundamentalmente dos significados das palavras, frases ou orações. Tem o propósito de interpretar e classificar diferentes partes de um texto de acordo com categorias estabelecidas pelo pesquisador, para extrair dali informações ou tendências predominantes.[44] Quando aplicada ao mapeamento de competências, essa análise busca examinar documentos da organização, visando interpretar e descrever seu conteúdo, definir categorias de análise e identificar elementos que permitam fazer inferências sobre competências relevantes à consecução de objetivos organizacionais. Geralmente, constitui a primeira etapa do mapeamento, posto que permite revelar e explorar aspectos iniciais relevantes a esse processo.[35; 3]

Quaisquer materiais escritos podem constituir a base da análise documental.[43] No mapeamento de competências, em geral são analisados documentos relativos à estratégia organizacional (missão, visão de futuro, valores, posicionamento, objetivos, diretrizes e outros), mas, dependendo da natureza e das características da organização, vários outros documentos podem ser utilizados: normas, regimentos, estatutos, portarias, pareceres técnicos, relatórios de gestão, planos de ação e outros.[35; 45] Enfim, quaisquer documentos que ofereçam as informações desejadas e que permitam fazer inferências sobre competências relevantes à organização.

Ao assessorar o mapeamento de competências em um órgão público, Bruno-Faria e Brandão[41] fizeram uma análise detalhada do conteúdo de documentos que compunham sua estratégia, publicados em portarias e decretos governamentais. Referido órgão era responsável pela gestão de funções administrativas em uma unidade da federação, tendo *status* de Secretaria de Estado. Entre suas atribuições, figuravam o planejamento, a capacitação e a gestão de servidores públicos para diversos órgãos do governo. Na visão de futuro dessa Secretaria, que expressava a situação futura desejada por ela para um período aproximado de três anos (amplitude temporal da visão), havia, entre outras, as seguintes menções:[46, p. 14]

> *"Recursos físicos, materiais, tecnológicos e financeiros adequados para o desempenho das atividades da Secretaria"*; e
>
> *"Agentes públicos capacitados, motivados e comprometidos com a excelência dos serviços prestados à sociedade."*

Ou seja, ao final desse período, a Secretaria esperava possuir os recursos necessários ao desempenho de suas funções, assim como prover a unidade da federação de servidores públicos qualificados e comprometidos com a qualidade dos serviços prestados à população. Foi realizada uma análise e interpretação dessa visão de futuro e de outros documentos disponíveis na Secretaria. Verificou-se entre outros aspectos que, se o processo de desenvolvimento dos servidores ficasse limitado a ações formais de capacitação, as quais estavam sujeitas a limitações orçamentárias, dificilmente a Secretaria conseguiria concretizar sua visão de futuro. Para conseguir os recursos de que necessitava e promover a capacitação dos servidores, seria preciso não só estabelecer parcerias com a sociedade civil organizada e o segmento empresarial, mas também estimular o autodesenvolvimento e a profissionalização dos servidores.[35] É possível inferir então que, para concretizar a visão de futuro, alguns servidores dessa Secretaria deveriam possuir competências individuais como, por exemplo:

> *"Negociar acordos e parcerias com a sociedade civil e o segmento empresarial, respeitando o código de ética do servidor público;"* e
>
> *"Formular ações de comunicação interna, utilizando linguagem e mídias adequadas, para estimular o autodesenvolvimento dos servidores públicos."*

O Mapeamento de Competências

Perceba que tais competências foram descritas de acordo com os cuidados metodológicos recomendados no tópico 2.1. Na primeira, há verbo (negociar), objeto da ação (acordos e parcerias) e uma condição na qual se espera que a competência seja desempenhada (respeitando o código de ética do servidor). Na segunda, há verbo (formular), objeto da ação (ações de comunicação interna) e critérios de qualidade (adequação da linguagem e da mídia utilizadas).

Pode-se perceber também, por esse exemplo, que a análise de conteúdo de documentos da organização, quando aplicada ao mapeamento de competências, interessa-se tanto pelo conteúdo manifesto no documento quanto pelo conteúdo latente, e utiliza o conteúdo manifesto para dele deduzir os elementos e intenções implícitas no material estudado.[43] Uma análise desse tipo consiste em descobrir o "sentido", isto é, extrair o significado do conteúdo documental. Não se trata, então, de fazer uma simples leitura ao pé da letra, mas, sim, de uma interpretação mais aprofundada,[47] que permita inferir sobre a relevância de determinadas competências.

Vejamos outro exemplo. O Instituto de Pesquisa Econômica Aplicada – IPEA é uma fundação pública federal, vinculada ao Ministério do Planejamento, Desenvolvimento e Gestão. Segundo seu sítio na Internet,[48] suas atividades de pesquisa fornecem suporte técnico e institucional às ações governamentais para a formulação de políticas públicas e programas de desenvolvimento. De acordo com o Decreto nº 7.142,[49] o IPEA tem como finalidade (missão) "*promover e realizar pesquisas e estudos sociais e econômicos e disseminar o conhecimento resultante, dar apoio técnico e institucional ao Governo na avaliação, formulação e acompanhamento de políticas públicas, planos e programas de desenvolvimento e oferecer à sociedade elementos para o conhecimento e solução dos problemas e dos desafios do desenvolvimento brasileiro*". O Instituto possui, entre seus servidores, um quadro de pesquisadores responsáveis pela condução das atividades de pesquisa.[48] Analisando o conteúdo dos referidos documentos (missão e atividades do IPEA), em especial os trechos sublinhados acima, é possível deduzir que, para o IPEA exercer adequadamente a sua missão, é importante que seus pesquisadores sejam capazes de disseminar para a sociedade os conhecimentos produzidos em suas pesquisas. Sabe-se, também, que as publicações periódicas de caráter científico (revistas e jornais especializados) constituem um importante veículo para divulgação de estudos e pesquisas. Logo, pode-se inferir que é importante ao desempenho de pesquisadores do IPEA, entre outras, a competência individual de:

> *Elaborar relatos de pesquisa, sob a forma de artigos científicos, com estrutura e conteúdo adequados à publicação em periódicos conceituados.*

Percebeu como a inferência conduz à interpretação do conteúdo documental? Vejamos então os principais procedimentos e etapas de uma análise de conteúdo documental.

Segundo proposições de Bardin[47] e Richardson,[43] esse processo pode ser didaticamente separado em três etapas sequenciais: pré-análise; análise propriamente dita; e tratamento dos resultados.

A denominada **pré-análise** envolve a definição dos objetivos do estudo, a delimitação do material a ser analisado e a elaboração de indicadores para interpretação dos conteúdos.[43] Após definir os propósitos da análise – identificar competências individuais relevantes a determinado papel ocupacional ou organização, por exemplo –, o profissional deve selecionar os documentos organizacionais a serem analisados, identificando aqueles que ofereçam informação adequada para o alcance dos objetivos estabelecidos. É mais comum a seleção de materiais afetos à estratégia organizacional e a planos tático-operacionais, os quais geralmente são ricos em elementos que permitem fazer inferências sobre competências relevantes à organização. Uma vez reunidos os documentos, podem-se definir as categorias de análise a serem adotadas. O sistema de categorização pode ser estabelecido previamente à análise, com base em fundamentos teóricos ou conceituais que justifiquem a classificação pretendida. Neste caso é aqui, na pré-análise, que as categoriais são definidas, para que na próxima etapa – a análise propriamente dita – as competências mapeadas sejam classificadas entre tais categorias.

Exemplo de categorização definida *a priori* pode ser encontrado no mapeamento realizado por Brandão, Borges-Andrade, Freitas e Vieira.[26] Esses autores, ao identificarem competências gerenciais relevantes ao desempenho de gerentes de um banco de varejo, decidiram classificá-las em seis perspectivas de desempenho: estratégia;

O Mapeamento de Competências

resultado econômico; clientes; processos internos; comportamento organizacional; e sociedade. Tais categorias foram previamente definidas pelos autores, com base em pressupostos do modelo gerencial denominado *Balanced Scorecard*[IV] e no sistema de gestão adotado pelo banco estudado. Outra categorização comumente utilizada é aquela que se baseia na distinção entre competências organizacionais e competências individuais,[V] como pode ser visto nos mapeamentos conduzidos por Cauduro[50] e Ribeiro e Guimarães.[51]

Dependendo da abordagem teórica adotada ou da finalidade a que se destina o mapeamento de competências, existem diversas outras tipologias e possibilidades de classificação das competências.[3] Em razão da natureza do papel ocupacional desempenhado pelas pessoas, por exemplo, as competências individuais podem ser classificadas como técnicas e gerenciais.[52] Em função de sua singularidade, as competências organizacionais podem ser divididas em básicas e essenciais (também denominadas distintivas ou singulares).[53] E quanto à sua relevância ao longo do tempo, as competências podem ser classificadas como emergentes, declinantes, estáveis e transitórias.[54]

Alternativa também é definir as categorias progressivamente no decorrer da própria análise. Nesse caso, o sistema de categorização não é previamente definido. Ele resulta da classificação progressiva das competências mapeadas durante a análise propriamente dita (segunda fase da análise documental), o que será explicado adiante. Uma vez conduzidos os processos relativos à pré-análise, o profissional pode então passar à segunda etapa: a análise dos documentos.

A **análise** do material consiste na codificação e categorização das informações. A codificação constitui o processo pelo qual o conteúdo analisado é sistematicamente transformado e agrupado em unidades que permitem uma descrição mais objetiva e sucinta de acepções relevantes do documento.[43] Quando aplicada ao mapeamento de

---

[IV] Sistema gerencial desenvolvido por Kaplan e Norton,[94] que procura avaliar resultados a partir da mensuração de ativos tangíveis e intangíveis de uma empresa, como, por exemplo, a lucratividade, a qualidade de produtos e serviços, a competência dos funcionários, a eficiência de processos e a satisfação dos clientes.
[V] Essa classificação foi discutida anteriormente, no Capítulo 1 deste livro.

competências, é nessa etapa que o conteúdo do material é interpretado e transformado para dar origem a descrições objetivas de competências. Na codificação, é fundamental observar os cuidados metodológicos discutidos no tópico 2.1, para que as competências descritas possam qualificar, de forma objetiva e precisa, os padrões de desempenho desejados pela organização. Uma vez feita a descrição das competências, é importante agrupá-las com base em analogias (semelhanças semânticas ou temáticas), a fim de eliminar duplicidades e irrelevâncias, bem como refinar sua redação. Em seguida, pode-se finalmente classificá-las de acordo com o sistema de categorização adotado. Se as categorias forem estabelecidas *a priori*, ainda na fase de pré-análise, como antes explicado, então agora basta dispor as competências, por análise semântica, nas categorias previamente definidas.

Se, por outro lado, o profissional não estabelecer *a priori* o sistema de categorização, então as categorias devem emergir da própria análise realizada. Neste caso, elas são estabelecidas progressivamente, no decorrer da interpretação e codificação dos conteúdos. Ao descrever as primeiras competências identificadas, o mapeador procura agrupá-las por semelhança semântica ou temática, transformando cada grupo em uma categoria. Em seguida, prossegue a análise dos documentos, procurando identificar outras competências e classificá-las nas categorias surgidas anteriormente. Quando uma competência não se enquadra adequadamente em nenhuma das categorias existentes, porque se diferencia semanticamente delas, o profissional então cria uma nova categoria, e assim sucessivamente, até que todas as competências mapeadas sejam apropriadamente classificadas. Concluída à análise, o próximo passo consiste em tratar os resultados obtidos.

O **tratamento dos resultados** constitui a última etapa da análise documental.[43] Um procedimento comum consiste em computar as frequências absolutas e relativas com que as competências mapeadas são mencionadas ou inferidas nos documentos analisados, conforme pode ser visto no exemplo disposto na Tabela 2.1.

O Mapeamento de Competências

Tabela 2.1 Exemplo de tratamento quantitativo de resultados da análise documental.

Competência	Categoria	Frequência Absoluta	Frequência Relativa
Prestar atendimento de excelência ao cliente, procurando satisfazer às suas expectativas.	Relacionamento com Clientes	9	30%
Comunicar-se com o cliente, adotando linguagem clara, objetiva e acessível.	Relacionamento com Clientes	6	20%
Orientar a atuação dos integrantes da equipe, comunicando claramente suas expectativas sobre o desempenho deles.	Gestão de Pessoas	6	20%
Monitorar a qualidade dos processos internos, para evitar o retrabalho.	Gestão de Processos	4	13,3%
Gerenciar conflitos no trabalho, procurando manter a coesão e a harmonia entre funcionários.	Gestão de Pessoas	2	6,7%
Estimular a participação dos funcionários na tomada de decisões, valorizando as contribuições oferecidas por eles.	Gestão de Pessoas	2	6,7%
Organizar suas atividades diárias para realizá-las no prazo previsto.	Gestão de Processos	1	3,3%
Total		30	100%

Fonte: Brandão et al.,[26] com modificações e adaptações.

Note que a primeira coluna da Tabela 2.1 dispõe as competências identificadas na análise documental, enquanto a segunda coluna apresenta as categorias em que tais competências foram classificadas. A terceira e a quarta colunas apresentam, respectivamente, a quantidade de vezes (frequência absoluta) e o percentual (frequência relativa) em que cada competência foi mencionada ou inferida nos documentos analisados. Perceba também que as competências foram ordenadas de acordo com sua frequência, apresentando-se primeiro a de maior frequência e, por último, a de menor. Isso facilita a compreensão dos resultados, visto que a frequência com que são mencionados no material representa um indicativo da importância do elemento analisado. Assim, pelo menos em tese, quanto maior a frequência de uma competência, maior sua importância.

Outro tratamento comum é aquele que, em vez de apresentar a frequência com que as competências são mencionadas ou inferidas, limita-se a indicar em que documentos organizacionais as competências estão explícita ou implicitamente presentes (origem da informação), conforme exemplo disponível na Tabela 2.2.

Tabela 2.2 Exemplo de tratamento qualitativo de resultados da análise documental.

Competência	Categoria	Origem da Informação				
		Missão	Visão de Futuro	Objetivos Estratégicos	Relatório de Gestão	Plano de Cargos
Prestar atendimento de excelência ao cliente, procurando satisfazer às suas expectativas.	Relacionamento com Clientes	X	X	X		
Comunicar-se com o cliente, adotando linguagem clara, objetiva e acessível.	Relacionamento com Clientes				X	X
Orientar a atuação dos integrantes da equipe, comunicando claramente suas expectativas sobre o desempenho deles.	Gestão de Pessoas				X	X
Monitorar a qualidade dos processos internos, para evitar o retrabalho.	Gestão de Processos		X	X		
Gerenciar conflitos no trabalho, procurando manter a coesão e a harmonia entre funcionários.	Gestão de Pessoas				X	
Estimular a participação dos funcionários na tomada de decisões, valorizando as contribuições oferecidas por eles.	Gestão de Pessoas			X	X	
Organizar suas atividades diárias para realizá-las no prazo previsto.	Gestão de Processos					X

Fonte: Brandão et al.,[26] com modificações e adaptações.

O Mapeamento de Competências

Compreendeu os procedimentos que devem ser adotados para análise documental? Então procure exercitar. Antes de prosseguir, faça o Exercício 3, disponível no Apêndice deste livro, e veja o quão bem você, por meio da análise de trechos da estratégia de uma empresa, consegue identificar, descrever e categorizar competências relevantes à organização.

A análise documental geralmente constitui o passo inicial para identificar competências relevantes à consecução dos objetivos organizacionais. Embora essa seja uma etapa fundamental, em geral os documentos da organização não são as únicas fontes de informação utilizadas no mapeamento. É comum também a coleta de dados com pessoas-chave da organização, como especialistas ou membros da direção, sobretudo para que tais dados sejam cotejados com a análise documental.[41] Para tanto, podem ser utilizados outros instrumentos e técnicas de pesquisa social, como a entrevista, o grupo focal, a observação e o questionário,[35; 30] os quais são discutidos a seguir.

2.2.2 Entrevista

A entrevista constitui outra técnica de pesquisa comumente aplicada ao mapeamento de competências. Em geral é utilizada para cotejar a percepção dos entrevistados com os resultados apurados na análise documental, visando confirmar as competências relevantes à consecução dos objetivos organizacionais.[3]

Essa técnica pressupõe a existência de uma comunicação bilateral, na qual uma pessoa – o entrevistador –, mediante a formulação de perguntas, busca obter informações ou conhecer a percepção do respondente – o entrevistado – acerca do objeto de investigação.[43] Pode ser concebida como um conjunto de interações pessoais, que permitem a transmissão de informações de um indivíduo para outro.[55]

Existem diversos tipos de entrevista, mas, para efeito de mapeamento de competências, é mais comum o uso daquela denominada "semiestruturada".[VI] Nesta, o entrevistador formula as perguntas seguindo um roteiro preestabelecido, procurando, por meio delas,

---
[VI] A entrevista denominada estruturada também pode ser utilizada como técnica de mapeamento de competências, mas seu uso se assemelha ao de um questionário fechado (estruturado), instrumento cuja aplicação será discutida adiante, ainda neste capítulo. Para conhecer outros tipos e aplicações da entrevista, veja Lodi.[55]

obter do entrevistado descrições de situações profissionais, comportamentos observados no trabalho, expectativas da clientela ou da sociedade em relação ao desempenho da organização, expectativas da organização em relação ao desempenho de seus empregados, competências relevantes ao exercício de determinado papel ocupacional, crenças, pensamentos, percepções e outros elementos que possam subsidiar a identificação de competências relevantes ao sucesso da organização. O entrevistado, de outro lado, possui liberdade para expor as respostas à sua maneira, utilizando suas próprias palavras, de forma singular. O roteiro de perguntas, neste caso, serve como um guia para orientar a atuação do entrevistador, mas este também possui certa liberdade para flexibilizar o uso desse instrumento de pesquisa. Assim, diante de uma resposta do entrevistado, o entrevistador pode introduzir perguntas não previstas no roteiro, ou mesmo alterar a ordem inicialmente definida das questões, a fim de explorar melhor algum aspecto que julgue relevante.

Na fase de **preparação**, você pode eleger, para compor o roteiro da entrevista, questões como:

a) Que atributos da sua organização são valorizados pela sociedade? Qual é a importância deles?

b) Que características distinguem a sua empresa de seus concorrentes?

c) Quais são as principais expectativas dos clientes em relação à empresa em que você trabalha?

d) Que competências individuais você julga relevantes para a consecução dos objetivos organizacionais?

e) Quais são as principais expectativas da organização em relação ao desempenho de seus empregados?

f) Para que a organização consiga concretizar sua estratégia, que capacidades os funcionários devem manifestar no trabalho?

g) Como os funcionários devem agir para que o trabalho seja bem-feito?

h) Que comportamentos no trabalho são valorizados pelo seu superior hierárquico?

O Mapeamento de Competências

i) Para que a sua equipe consiga atingir os objetivos estabelecidos, os integrantes devem ser capazes de quê?
j) Como você reconhece alguém competente no trabalho?
k) Quem é considerado competente em sua equipe? Por quê?

As questões devem ser escolhidas de acordo com os propósitos do mapeamento que se pretende empreender. Perceba que algumas são mais adequadas para a identificação de competências organizacionais, como é o caso daquelas dispostas nas alíneas "a", "b" e "c" anteriores. Outras são indicadas para mapear competências individuais, como as questões sugeridas nos itens "d" a "k". Há ainda as que adotam uma comunicação *não disfarçada*,[VII] a exemplo daquelas apresentadas nas alíneas "d" e "f", as quais explicitam ao respondente, de forma direta, exatamente o que o entrevistador deseja saber. Outras, como as sugeridas nos itens "h", "j" e "k", podem ser consideradas mais *disfarçadas* ou indiretas, porque não explicitam claramente o que o entrevistador está pesquisando.

O uso conjugado de questões disfarçadas e não disfarçadas é recomendável para minimizar a ocorrência de vieses comuns em levantamentos dessa natureza. É que os respondentes muitas vezes desenvolvem mecanismos de defesa, na tentativa de se protegerem contra revelações indesejáveis.[(55)] As pessoas naturalmente tendem a omitir informações que, na concepção delas, podem lhe expor ou trazer algum prejuízo. E tendem também a enfatizar ou revelar percepções que julgam aceitáveis ou desejáveis socialmente.

Suponha que você, como entrevistador, faça a seguinte pergunta ao entrevistado: Que competências individuais são relevantes para o bom desempenho da sua equipe? Trata-se de uma questão não disfarçada, porque seu enunciado indica exatamente o que se deseja levantar: as competências individuais relevantes ao trabalho de determinada equipe. O que você acha que o entrevistado tenderá a responder? É bem possível que ele evidencie as competências que percebe em si mesmo, omitindo ou minimizando a importância daquelas em que não tem proficiência.

[VII] Segundo Mattar,[59] instrumento de coleta de dados "não disfarçado" é aquele que permite ao respondente saber, com total clareza, os propósitos da pesquisa e os temas sobre os quais está sendo questionado.

Esse e outros vieses podem ser comuns em entrevistas para mapeamento de competências. Para evitá-los, é importante que o entrevistador não apenas escolha adequadamente as perguntas a serem formuladas, mas também tome outros cuidados importantes. É fundamental que o entrevistador garanta ao entrevistado o anonimato para quaisquer de suas declarações, valorize a participação dele, aceite e respeite seus pontos de vista, e estabeleça uma relação de empatia e confiança, conforme sugerem Lodi[55] e Richardson.[43] Além disso, é necessário que os dados sejam coletados por cooperação voluntária do entrevistado, sem qualquer desvantagem para ele, respeitando seu direito de privacidade e garantindo-lhe que as informações por ele prestadas não serão utilizadas para outra finalidade, como recomenda o Código Internacional de Pesquisas Sociais e de Mercado, da *European Society for Opinion and Marketing Research*.[56]

Ainda na fase de preparação da entrevista, é preciso selecionar a amostra de pessoas a serem entrevistadas. Essa seleção pode ser realizada ponderando-se dois critérios: *acessibilidade* ao entrevistado, caracterizada pela facilidade de acesso a ele e por sua disposição em participar da entrevista; e *intencionalidade*, caracterizada pela necessidade (ou intenção) de se entrevistarem pessoas que possuem conhecimento mais amplo da estratégia, dos negócios, dos produtos, dos processos e da cultura da organização.[35; 43]

Não existe um número ideal ou mínimo de pessoas a serem entrevistadas. Em geral, o tamanho da amostra deve ser delimitado levando-se em consideração os propósitos e a amplitude do mapeamento de competências, as características da organização (tamanho e estrutura, por exemplo) e a disponibilidade dos entrevistados. No mapeamento conduzido por Brandão et al.,[26] por exemplo, foram entrevistados vinte gerentes de agências de um banco público, procurando-se identificar competências gerenciais relevantes ao seu desempenho. Melo, Leão e Paiva Jr.,[57] por sua vez, entrevistaram sete dirigentes de empresas, para identificar competências empreendedoras, enquanto Cauduro[50] entrevistou 14 gestores de organizações que atuam na área da cultura, para identificar competências organizacionais e gerenciais relevantes a empresas de produção artística e cultural. É bom ressaltar também que, depois de entrevistar certo número de pessoas, sobre o mesmo objeto de investigação, as respostas começam a se repetir, tornando-se cada vez mais improvável que os próximos entrevistados expressem ideias ou percepções diferentes daquelas mencionadas pelos anteriores. Quando isso começar a ocorrer, é bom sinal de que as entrevistas realizadas são suficientes, sendo desnecessário prosseguir.

Uma vez formulado o roteiro e selecionada a amostra a ser entrevistada, é possível agendar e realizar as entrevistas. Lembre-se antes de definir local adequado para o trabalho, procurando utilizar salas reservadas para garantir privacidade às entrevistas.

A próxima etapa consiste na **execução** das entrevistas. Ao iniciar o trabalho, o entrevistador deve expor ao respondente os objetivos do mapeamento de competências e a importância de sua colaboração, dando caráter pacífico e cooperativo à entrevista.[43] Dependendo das circunstâncias, às vezes é conveniente o entrevistador utilizar uma carta de apresentação, em que a organização o designa ou autoriza a realizar o trabalho. Em seguida, deve efetuar as perguntas, de acordo com o roteiro preestabelecido, deixando o respondente à vontade para falar.

No decorrer das entrevistas, seguindo as sugestões de Lodi,[55] é importante que o entrevistador procure:

a) ser cordial e franco;
b) estabelecer uma relação de empatia;
c) fazer uma pergunta de cada vez;
d) ajudar o entrevistado a se sentir à vontade e com disposição para falar;
e) frasear as perguntas com precisão de modo que sejam facilmente entendidas;
f) esclarecer quaisquer dúvidas relacionadas à entrevista;
g) permitir que o entrevistado exponha suas percepções a seu modo, ajudando-o a preencher omissões;
h) evitar a tendência de projetar, no entrevistado, suas próprias ideias e sentimentos;
i) deixar o entrevistado à vontade quanto ao tempo para as respostas;

j) demonstrar interesse pelo que o entrevistado diz, valorizando sua participação;

k) não se mostrar ansioso nem ocioso;

l) evitar expressões faciais ou gestos que possam representar censura ou aprovação às declarações do entrevistado;

m) observar atentamente as manifestações do entrevistado, suas percepções, ideias, seus pensamentos e atitudes, buscando o significado de cada afirmação;

n) registrar os dados no decorrer da entrevista;

o) manter o foco no objeto da entrevista (o mapeamento de competências);

p) manter o controle da entrevista; e

q) ao final, manter-se atento para informações adicionais ou observações casuais do entrevistado.

É recomendável gravar os depoimentos, mediante anuência prévia dos entrevistados, e registrar notas que facilitem a compreensão das respostas. Findas as entrevistas, devem-se depurar as anotações realizadas e transcrever as respostas gravadas.[43] Passa-se então à última etapa, que consiste na análise dos dados e apresentação dos resultados.

Quando a entrevista é aplicada ao mapeamento de competências, a **análise** dos dados geralmente é realizada por meio da técnica denominada análise de conteúdo,[47; 35] adotando-se para tanto procedimentos semelhantes àqueles utilizados na análise documental, conforme exposto no tópico 2.2.1. Diferença básica é que, na análise documental, o conteúdo analisado é oriundo de documentos organizacionais (estratégia, planos de ação e relatórios de gestão, por exemplo), enquanto na entrevista o conteúdo é coletado diretamente junto a fontes sociais: os entrevistados. Na análise do conteúdo da entrevista, busca-se examinar as respostas ou discursos do entrevistado, visando interpretar e descrever seu conteúdo, definir categorias de análise e identificar elementos que permitam inferir que competências são relevantes para a organização.[3]

Como discutido anteriormente, esse processo de análise envolve a codificação e categorização dos dados coletados.[43] Na codificação, as respostas dos entrevistados são interpretadas e transformadas,

O Mapeamento de Competências

para dar origem a descrições objetivas de competências. Busca-se, a partir do discurso dos respondentes, identificar e descrever competências que qualifiquem, de forma objetiva e precisa, padrões de desempenho desejados pela organização. A exemplo do que ocorre na análise documental, não se trata de fazer uma simples leitura, restrita àquilo que foi explicitamente falado pelo entrevistado, mas, sim, de uma interpretação mais aprofundada de suas respostas,[47] que permita deduzir elementos e concepções implícitas, para então fazer inferências sobre a relevância de determinadas competências.

Vejamos um exemplo. Para mapear competências relevantes a atendentes de um banco de varejo, Brandão, Guimarães e Borges-Andrade[58] formularam a seguinte questão: "*Que competências você julga importantes para que atendentes e caixas possam prestar um atendimento de excelência ao cliente?*" O respondente, um executivo do banco, deu o seguinte depoimento:

> "*Acho muito importante o atendente analisar e interpretar o comportamento do consumidor. Você sabia que lá em Belo Horizonte um funcionário percebeu que homens recentemente divorciados são mais predispostos a adquirir planos de previdência privada para seus filhos? Isto porque se sentem 'culpados' por estarem pouco presentes na educação das crianças. Dessa forma, buscam alguma compensação para os filhos, algo que possa contribuir para o seu bem-estar futuro.*"

Realizada a análise do conteúdo dessa e de outras respostas, esses autores chegaram à descrição das competências individuais relevantes ao desempenho de atendentes e caixas do banco estudado. Uma delas foi assim descrita: "*Identificar oportunidades negociais, analisando o comportamento do consumidor.*"

Note que a competência de "*identificar oportunidades negociais*" não foi explicitamente mencionada pelo entrevistado, mas é possível inferir, pela interpretação de sua resposta, que ele julga esse atributo importante para o desempenho dos funcionários da empresa. Perceba também que a referida competência foi adequadamente descrita, observando-se os cuidados metodológicos recomendados no tópico 2.1. Há um verbo (identificar), o objeto da ação (oportunidades negociais) e uma condição na qual se espera que a competência seja desempenhada (analisando o comportamento do consumidor).

Uma vez realizada a descrição operacional das competências, é importante agrupá-las por semelhança semântica ou temática, a fim de eliminar duplicidades e irrelevâncias, bem como refinar sua redação. Em seguida, é possível classificá-las de acordo com o sistema de categorização estabelecido, conforme comentado anteriormente, no tópico 2.2.1 (análise documental).

Outro exemplo de análise de conteúdo de entrevistas pode ser encontrado no mapeamento de competências realizado por Mello et al.[57] Visando identificar competências relevantes ao desempenho de empreendedores, esses autores entrevistaram sete dirigentes de empresas brasileiras que atuam em serviços da nova economia (provedores de Internet, *sites* de comércio eletrônico e produtora multimídia). Em seguida, transcreveram as respostas, codificaram os conteúdos e interpretaram seus significados, a fim de descrever as competências e classificá-las em categorias preestabelecidas. A Tabela 2.3 apresenta algumas competências e respectivas categorias identificadas por esses autores.

Tabela 2.3 Exemplos de descrição e categorização de competências relevantes ao empreendedorismo.

Trechos das Entrevistas	Descrição das Competências	Categorização
"Víamos oportunidades ilimitadas em várias áreas."	Identificar oportunidades de negócios a partir de experiências prévias	Competências de Oportunidade
"... o empreendedor... descobre a oportunidade onde ninguém viu."	Avaliar tendências e mudanças de mercado e da concorrência	Competências de Oportunidade
"Com as pessoas... sempre tive uma regra: transparência total."	Estabelecer relacionamentos de confiança junto a clientes, fornecedores, empregados e acionistas	Competências de Relacionamento
"...voltei com uma ideia fixa: ganhar dinheiro."	Estabelecer objetivos desafiadores	Competências Estratégicas
"Fizemos acordos vantajosos..."	Negociar acordos com os parceiros	Competências de Relacionamento

Fonte: Mello et al.,[57] com modificações e adaptações.

É importante, ainda, verificar a frequência com que cada competência é citada nas entrevistas, visto que, em levantamentos dessa

O Mapeamento de Competências

natureza, o número de menções realizadas a respeito de determinado item constitui um indicativo da sua relevância.[3] Veja o exemplo disponível na Tabela 2.4, que apresenta competências identificadas por Brandão et al.,[26] a quantidade (frequência absoluta) e o percentual de entrevistados (frequência relativa)[VIII] que mencionaram cada competência. Note que as competências foram ordenadas de acordo com sua frequência, apresentando-se primeiro a de maior frequência e, por último, a de menor, o que facilita a visualização dos resultados.

Tabela 2.4 Competências de gestão do relacionamento com o cliente.

Competência	Frequência Absoluta	Frequência Relativa
Prestar atendimento de excelência ao cliente, procurando satisfazer às suas expectativas.	7	35%
Gerenciar o relacionamento com clientes, pautando-se no respeito, na cortesia e na ética.	6	30%
Promover a venda de produtos e serviços, com transparência e confiabilidade.	6	30%
Negociar com clientes de forma transparente, buscando estabelecer acordos satisfatórios para a empresa e para a clientela.	3	15%
Prestar consultoria ao cliente, ajudando-o na escolha do produto ou serviço que melhor atenda às suas necessidades.	2	10%
Identificar clientes em potencial, a fim de ampliar a base de clientes da empresa.	2	10%
Comunicar-se com o cliente, adotando linguagem clara, objetiva e acessível.	1	5%

Nota: Número total de entrevistados igual a 20.
Fonte: Brandão et al.,[26] com modificações e adaptações.

Compreendeu os procedimentos que devem ser adotados em entrevistas de mapeamento de competências? Então procure exercitar. Antes de prosseguir, faça o Exercício 4, disponível no Apêndice deste livro, e veja o quão bem você, por meio de análise do conteúdo

---

[VIII] No mapeamento conduzido por esses autores (Brandão et al.),[26] foram entrevistados ao todo vinte indivíduos, número que serviu de base para cálculo das frequências relativas apresentadas na Tabela 2.4.

de entrevistas com dirigentes de uma empresa de seguridade, consegue identificar, descrever e categorizar competências relevantes à organização.

Como visto, a entrevista constitui uma técnica eficaz, comumente utilizada no processo de mapeamento de competências. Muitas vezes, no entanto, nem o profissional responsável pelo mapeamento nem as pessoas participantes do estudo dispõem de tempo para realização de entrevistas individuais.[35] Nesse caso, uma alternativa é utilizar a técnica de pesquisa denominada *focus group* (ou grupo focal), que constitui uma espécie de entrevista coletiva. Em um grupo focal, o entrevistador atua como um moderador, estimulando e coordenando a discussão dos participantes em torno de determinado tema,[59] conforme procedimentos expostos a seguir.

2.2.3 Grupo focal

O grupo focal, também denominado *focus group*, constitui uma técnica de pesquisa que envolve uma discussão objetiva, orientada por um moderador, que introduz um tópico a um grupo de participantes e direciona sua discussão sobre o tema.[60] Procura identificar como as pessoas percebem ou o que pensam sobre determinado objeto de estudo, utilizando-se da interação entre elas para levantar ideias ou informações que seriam menos acessíveis sem a discussão produzida em um grupo.[61]

Quando essa técnica é aplicada ao mapeamento de competências, o moderador apresenta ao grupo os tópicos ou questões para discussão, utilizando um roteiro preestabelecido, assim como ocorre na realização de uma entrevista individual. Dependendo do mapeamento que se deseja empreender, o moderador pode utilizar questões como aquelas sugeridas no tópico 2.2.2, entre as quais:

   a) Que competências individuais você julga relevantes para a consecução dos objetivos organizacionais?

   b) Quais são as principais expectativas da organização em relação ao desempenho de seus empregados?

   c) Para que a organização consiga concretizar sua estratégia, que capacidades os funcionários devem manifestar no trabalho?

A exemplo do que deve ocorrer na realização de entrevistas individuais, a condução de um grupo focal envolve três etapas: preparação, execução e análise. Na **preparação**, além de estabelecer o roteiro de perguntas ou tópicos de discussão que serão utilizados, é importante definir o tamanho e a composição dos grupos.

Alguns autores[62; 59] sugerem que grupos focais devam ter entre oito e doze participantes. Argumentam que experiências têm demonstrado que número de participantes superior a doze inibe a participação de todos,[59; 3] em especial quando o objeto da discussão enseja polêmicas e contradições entre eles. Como é justamente este o caso do tema "competências relevantes ao trabalho ou à organização", é aconselhável considerar a possibilidade de limitar a dez o número máximo de participantes quando o grupo focal for dedicado ao mapeamento de competências. Quanto maior o número de elementos, maior a possibilidade de haver conversas paralelas, o que pode prejudicar o processo.[62] Grupos com menos de seis participantes, por outro lado, podem não gerar ideias ou manifestações suficientes,[3] em geral porque tendem a ser menos dinâmicos, aumentando a possibilidade de que apenas alguns dominem a discussão.[59]

Uma vez estabelecido o número de participantes do grupo, então é preciso selecioná-los adequadamente. A exemplo do que ocorre na realização de entrevistas individuais, a seleção dos participantes de um grupo focal pode ser feita utilizando-se, entre outros, os seguintes critérios: *acessibilidade* ao sujeito, caracterizada pela facilidade de acesso a ele e por sua disposição em participar do grupo; e *intencionalidade*, que se caracteriza pela necessidade (ou intenção) de o grupo ser composto por pessoas que possuem conhecimento mais amplo da estratégia, dos negócios, dos produtos, dos processos, da cultura e da estrutura da organização.[35; 43]

Na composição de um grupo focal, no entanto, outro aspecto é importante: a necessidade de haver razoável homogeneidade de características entre os participantes, em especial daquelas que possam influenciar a reação deles (como gênero, idade, cargo exercido na empresa e nível de escolaridade, por exemplo). Sempre que possível, é recomendável então que os integrantes tenham características demográficas e socioeconômicas semelhantes, para que haja identificação e integração entre eles, facilitando a discussão.[59]

Isso é particularmente importante em grupos focais destinados ao mapeamento de competências. Imagine, por hipótese, que um mesmo grupo – destinado à identificação de competências relevantes para a empresa – seja composto por dirigentes da organização (de elevado nível hierárquico) e seus subordinados. Suponha também que estejam presentes na cultura dessa organização valores como formalidade e respeito à hierarquia. O que você acha que tenderá a ocorrer na discussão? É bastante provável que a presença dos dirigentes no grupo iniba as manifestações de seus subordinados. Possivelmente, os subordinados restringir-se-ão a concordar com as observações realizadas por seus superiores. Com isso, os dados coletados representarão fundamentalmente a percepção dos dirigentes da empresa, deixando enviesado o processo de mapeamento de competências. Em situações como essa, melhor seria a formação de dois grupos focais: um apenas com os dirigentes e outro com seus subordinados. Quando for possível, é bom evitar também, na composição de um grupo focal, a escolha de pessoas que mantenham relacionamentos muito próximos, dada a influência que podem exercer umas sobre os outras.

A escolha de ambiente adequado para realização do grupo focal também é particularmente importante. O ideal é que os participantes sejam dispostos em uma mesa de reunião, tendo o moderador à cabeceira. Para que as pessoas se sintam à vontade para participar, é importante que a sala garanta privacidade à discussão e ofereça conforto térmico, boa iluminação e mobiliário adequado ao número de participantes.[62] Algumas organizações utilizam salas construídas especificamente para essa finalidade, que, além da infraestrutura necessária, dispõem de espelho *one-way*.[59] Isso permite que o pesquisador acompanhe a discussão por um espelho falso, a fim de observar a interação entre os participantes e melhor documentar suas respostas e reações, evitando-se assim a presença do pesquisador na mesma sala dos participantes, o que poderia constranger ou inibir a participação de alguns.

A escolha do moderador do grupo focal constitui outro aspecto relevante. O moderador deve atuar como ouvinte, observador e estimulador da discussão.[61; 62] Seu papel não deve se confundir com o dos participantes ou o de um juiz que medeia eventuais divergências entre eles. Quando

O Mapeamento de Competências

o grupo focal é aplicado ao mapeamento de competências, é importante que o moderador tenha conhecimento de conceitos e processos afetos à gestão por competências, habilidades sociais e experiência na condução de grupos, para que possa estabelecer relacionamento amistoso e de confiança com os participantes, além de esclarecer suas eventuais dúvidas.

Não existe um número ideal ou mínimo de grupos focais a serem realizados. Em tese, em certos casos, um grupo focal poderia ser suficiente, dependendo de características da organização (tamanho, estrutura e cultura, por exemplo), da amplitude do mapeamento de competências que se deseja realizar e da qualidade da participação das pessoas. Em outros casos, sobretudo em organizações cuja cultura valoriza a ampla participação das pessoas ou cujo mapeamento exija uma amostra considerável de participantes (para que seja representativa), muitas vezes é aconselhável a realização de diversos grupos focais. Enfim, cada organização possui suas singularidades e há necessidade de um planejamento adequado a elas. É importante ressaltar, no entanto, que, depois de realizar determinado número de grupos focais, as respostas e discussões começam a se repetir, tornando-se mais improvável que os próximos participantes expressem ideias ou concepções diferentes daquelas já mencionadas. Quando isso ocorrer, é bom sinal de que os dados coletados são suficientes, sendo desnecessário realizar outros grupos focais.

Uma vez definidos o propósito do mapeamento de competências, o roteiro de questões para discussão, o número necessário de grupos focais, o local de realização e os participantes, pode-se então passar à próxima etapa: a **execução**.

Nessa etapa, ao iniciar o trabalho, o moderador deve apresentar-se, dar boas vindas aos participantes, expor os objetivos do mapeamento de competências e a importância da colaboração de todos, dando caráter pacífico e cooperativo à discussão.[43] Ainda na abertura dos trabalhos, o moderador deve explicar os procedimentos que serão adotados, relembrar o horário previsto para término da discussão, garantir o anonimato para quaisquer declarações dos participantes e pedir autorização para gravar, filmar e registrar anotações.[IX] [62]

[IX] É recomendável gravar a discussão, mediante anuência prévia dos participantes, e registrar notas que facilitem a compreensão das respostas e a posterior análise dos dados coletados.

Antes de apresentar as questões para discussão, o moderador deve ainda esclarecer, como regra de funcionamento, que: (a) não existem respostas certas ou erradas; (b) deseja-se apenas conhecer a opinião dos participantes; (c) é fundamental que cada um fale apenas na sua vez, dirigindo-se a todo o grupo. É recomendável também que primeiro sejam feitas perguntas para "aquecer" o grupo, abordando amenidades como, por exemplo, clima, *hobbies*, atividades profissionais, expectativas, gostos e preferências dos participantes.[62]

Feita essa introdução, o moderador pode então apresentar os tópicos ou questões para discussão, de acordo com o roteiro preestabelecido, deixando os participantes à vontade para falar. É bom lembrar que esse roteiro de perguntas serve como guia para orientar a atuação do moderador, mas este possui certa liberdade para flexibilizar o uso desse instrumento, podendo introduzir perguntas não previstas no roteiro ou mesmo alterar a ordem inicialmente definida das questões, se julgar conveniente para explorar melhor algum aspecto relevante. O importante é que as questões abordadas permitam obter dos participantes descrições de situações profissionais, comportamentos observados no trabalho, expectativas da clientela ou da sociedade em relação ao desempenho da organização, expectativas da organização em relação ao desempenho de seus empregados, competências relevantes ao exercício de determinado papel ocupacional, crenças, pensamentos, percepções e outros elementos que possam subsidiar a identificação de competências relevantes ao sucesso da organização.

Ao conduzir a discussão, é importante que o moderador procure:[62; 55]

a) ser cordial e atencioso;
b) estabelecer uma relação de empatia com os participantes;
c) fazer uma pergunta de cada vez;
d) permitir que os participantes exponham suas percepções a seu modo, ajudando-os a preencher omissões;
e) evitar a tendência de projetar, nos participantes, suas próprias ideias e seus sentimentos;

f) não fazer comentários ou observações que possam causar influência ou vieses nos participantes do grupo;

g) não se mostrar ansioso nem ocioso;

h) evitar expressões faciais que possam representar censura ou aprovação às declarações dos participantes;

i) evitar respostas verbais que representem julgamentos, como, por exemplo: "bom", "é isso mesmo", e outras;

j) evitar linguagem corporal que transmita ideia de aprovação ou desaprovação, como, por exemplo, acenar com a cabeça ou cruzar os braços;

k) chamar para a discussão os participantes muito quietos;

l) lembrar aos participantes excessivamente falantes da necessidade de permitir a manifestação dos outros;

m) observar atentamente as manifestações dos participantes, as interações entre eles, suas percepções, ideias, pensamentos e atitudes, buscando o significado de cada afirmação;

n) manter o foco no objeto da discussão (o mapeamento de competências); e

o) manter controle sobre o grupo focal.

Ao final, é importante que o moderador sintetize os tópicos discutidos, para clarificar entendimentos e verificar se há consenso, ocasião em que deve se manter atento para informações adicionais ou observações casuais dos participantes. É usual encerrar a sessão solicitando aos participantes comentários adicionais: "Vocês gostariam de acrescentar algo?"

Quando concluído o grupo focal, devem-se depurar as anotações realizadas e transcrever a discussão gravada,[43] a fim de analisar os dados e apresentar os resultados, o que constitui a última etapa.

Em grupos focais destinados ao mapeamento de competências, a **análise** dos dados geralmente é realizada por meio da técnica denominada análise de conteúdo,[47; 35] adotando-se procedimentos semelhantes àqueles utilizados na análise documental e na análise de conteúdo de entrevistas, conforme exposto nos tópicos 2.2.1 e 2.2.2. Na análise do conteúdo de um grupo focal, busca-se examinar as opiniões, percepções e discursos dos participantes, visando interpretar e descrever seu conteúdo, definir categorias de análise e realizar deduções sobre competências relevantes para a organização.[3]

Esse processo de análise envolve a codificação e categorização das manifestações dos participantes.[47; 43] Observe, para tanto, as recomendações, procedimentos e exemplos apresentados no tópico 2.2.2 (Entrevista).

Nessa etapa, procura-se, a partir da interpretação das opiniões e percepções manifestas pelos participantes, identificar e descrever competências que indiquem, de forma objetiva e precisa, padrões de desempenho desejados pela organização. É bom lembrar que as competências identificadas devem ser descritas seguindo padrões e cuidados metodológicos recomendados no tópico 2.1 deste capítulo. Devem conter verbo, objeto da ação, critério de qualidade e/ou condição na qual se espera que a competência seja desempenhada, conforme exemplos apresentados adiante, na Tabela 2.5.

Depois de descrever operacionalmente as competências identificadas, é recomendável agrupá-las por semelhança semântica ou temática, a fim de eliminar duplicidades e irrelevâncias, bem como refinar sua redação. Para apresentar os resultados da análise, é importante também verificar a frequência com que cada competência foi mencionada nos grupos focais, posto que, em processos de mapeamento de competências, o número de menções realizadas sobre determinada competência constitui um indicativo da sua relevância.[3] Suponha, por exemplo, que você tenha realizado três grupos focais, cada um deles com oito participantes, visando identificar competências relevantes ao relacionamento com clientes. Os resultados de sua análise poderiam ser expostos conforme disposto na Tabela 2.5, que apresenta competências hipoteticamente mapeadas e indica os grupos focais em que elas foram mencionadas, a quantidade total (frequência absoluta) e o percentual de participantes (frequência relativa) que citaram cada competência. Note que as competências foram ordenadas de acordo com sua frequência, apresentando-se primeiro a de maior frequência e, por último, a de menor, o que facilita a visualização dos resultados.

O Mapeamento de Competências

Tabela 2.5 Exemplo de mapeamento de competências por meio de grupos focais.

Competência	Grupo Focal 1	Grupo Focal 2	Grupo Focal 3	Frequência Absoluta	Frequência Relativa
Prestar atendimento de excelência ao cliente, procurando satisfazer às suas expectativas.	X	X	X	11	45,8%
Gerenciar o relacionamento com clientes, pautando-se no respeito, na cortesia e na ética.	X	X	X	9	37,5%
Promover a venda de produtos e serviços, com transparência e confiabilidade.	X	X		9	37,5%
Negociar com clientes de forma transparente, buscando estabelecer acordos satisfatórios para a empresa e para a clientela.		X	X	6	25,0%
Prestar consultoria ao cliente, ajudando-o na escolha do produto ou serviço que melhor atenda às suas necessidades.	X		X	5	20,8%
Identificar clientes em potencial, a fim de ampliar a base de clientes da empresa.		X		3	12,5%
Comunicar-se com o cliente, adotando linguagem clara, objetiva e acessível.			X	2	8,3%

Nota: Número total de participantes igual a 24, agrupados em três grupos focais; as competências aqui exemplificadas foram identificadas por Brandão et al.[26]

Compreendeu os procedimentos que devem ser adotados para realização de grupos focais destinados ao mapeamento de competências? Então procure exercitar. Faça o Exercício 5, disponível no Apêndice deste livro, e veja o quão bem você, analisando a discussão realizada em um grupo focal com servidores de um órgão público, consegue identificar, descrever e categorizar competências relevantes a essa organização.

Como muitos procedimentos afetos à realização de grupos focais são comuns a entrevistas individuais, você já deve ter se perguntado quais são as vantagens e desvantagens de uma técnica de pesquisa sobre outras. Pois então vejamos. Entre as vantagens da utilização de grupos focais, é possível mencionar a possibilidade de: (a) coletar dados junto a maior contingente de pessoas, em menor tempo do que aquele que seria requerido para entrevistar individualmente os participantes; (b) observar a interação social entre os participantes e a existência de consenso ou dissenso entre eles; (c) revelar respostas sociais e normativas; (d) coletar dados sobre atitudes, percepções e reações, de forma rápida e relativamente fácil e barata. Entre as desvantagens, por outro lado, pode-se citar: (a) a exigência de maior qualificação do pesquisador, pela necessidade dele manter controle sobre o grupo; (b) a complexidade inerente à análise dos dados comparativamente a daqueles coletados em entrevistas individuais; (c) a dificuldade de administrar a discussão quando é grande a quantidade de informações que cada participante tem a compartilhar; e (d) a existência de menor controle que aquele obtido em entrevistas individuais.[61; 62]

Como visto, o grupo focal constitui uma técnica geralmente eficaz para mapeamento de competências. A adoção dessa técnica, porém, assim como a entrevista individual, torna praticamente inviável a coleta de dados junto a grande contingente de sujeitos, pelo longo tempo que isso demandaria. Esse aspecto pode ser particularmente problemático em organizações cuja cultura exige a ampla participação dos empregados para legitimar internamente o processo de mapeamento de competências. Nesse caso, sobretudo quando houver também a necessidade de potencializar estatisticamente os dados coletados, é mais aconselhável o uso do questionário como técnica de pesquisa, o que será discutido a seguir.

2.2.4 Questionário

Questionários autopreenchidos constituem instrumentos de coleta de dados que são lidos e preenchidos pelos próprios respondentes,[59] sem a intervenção de terceiros (entrevistadores ou moderadores). Em geral, dispõem de quatro partes: (a) apresentação, onde é descrito o objetivo do instrumento e solicitada a colaboração do respondente; (b) enunciados com orientações acerca do preenchimento e devolução do questionário; (c) os itens ou questões a serem respondidas; e (d) campos para coleta de dados biográficos do respondente (gênero, idade, grau de escolaridade, local de trabalho e cargo exercido, por exemplo).

O Mapeamento de Competências

No processo de mapeamento de competências, podem ser utilizados três tipos de questionários: não estruturado, estruturado e semiestruturado.

Questionário não estruturado é aquele que possui apenas perguntas abertas,[43] as quais permitem ao respondente expressar-se, de forma singular, com suas próprias palavras e orações, acerca do objeto da pesquisa. No caso do mapeamento de competências, são dispostas no questionário perguntas como, por exemplo:

Que competências são relevantes ao seu desempenho no trabalho?

Para que sua equipe seja eficiente, que competências os integrantes devem manifestar no trabalho?

Que competências você julga relevantes para o alcance dos objetivos organizacionais?

São utilizadas perguntas como aquelas sugeridas, no tópico 2.2.2, para a realização de entrevistas. Um questionário não estruturado funciona essencialmente como um roteiro de entrevista. Diferença básica é que, na entrevista, o respondente manifesta-se oralmente, cabendo ao entrevistador registrar as respostas oferecidas, enquanto no questionário as respostas são apresentadas por escrito, pelo próprio respondente, em campos específicos destinados a cada pergunta, conforme modelo de questionário disposto no Quadro 2.1 a seguir.

Quadro 2.1 Exemplo de questionário com questões abertas.

São Paulo, 2 de março de 2017.

Prezado(a) Sr(a),

Este questionário objetiva identificar quais competências são importantes para o exercício de funções gerenciais na organização em que você trabalha. Trata-se de estudo realizado pela Diretoria de Gestão de Pessoas, que visa subsidiar o desenvolvimento de programas de capacitação profissional.

Pedimos sua colaboração no sentido de respondê-lo. Não é necessário identificar-se. Sua resposta é anônima, mas é fundamental que ela reflita exatamente sua percepção. Não existem respostas certas ou erradas. Tudo que desejamos é conhecer sua opinião.

As instruções para resposta estão dispostas a seguir. Depois de responder, por favor, deposite o questionário, sem identificação, na caixa postal da Diretoria de Gestão de Pessoas (3º andar). Sua participação é muito importante!

Continua...

2 — O Mapeamento de Competências

Agradecemos antecipadamente o seu apoio e colocamo-nos à disposição pelo telefone yyyy-yyyy ou pelo e-mail gp@gpgpgp para qualquer esclarecimento necessário.

Atenciosamente,

Fulano de Tal
Diretoria de Gestão de Pessoas

Por favor, responda às questões abaixo, utilizando o espaço correspondente.

1. Que competências você julga relevantes para que um gestor possa desempenhar sua função com eficiência? _____

2. Para que esta organização consiga concretizar sua estratégia, que capacidades seus gestores devem manifestar no trabalho? _____

3. Além do que você mencionou nas questões anteriores, há alguma outra competência gerencial que seja muito valorizada pela diretoria desta organização e/ou pela clientela? _____

Por favor, informe seus dados pessoais a seguir, completando as lacunas com as informações solicitadas:

4. Sua idade: _____ anos.
5. Tempo (em número de anos) em que você trabalha nesta organização: _____ anos.
6. Função que você exerce atualmente: _____.
7. Nível de escolaridade que você possui: _____.

O Mapeamento de Competências

Em relação ao exemplo exposto no Quadro 2.1, é importante destacar alguns aspectos. Perceba que todas as questões, inclusive aquelas afetas a dados pessoais do respondente, são numeradas sequencialmente, utilizando-se para tanto algarismos arábicos. Isso é importante porque a numeração das questões facilita a posterior análise e organização dos dados coletados. Os campos destinados à coleta de dados biográficos do respondente (idade, escolaridade e outros), por sua vez, são dispostos ao final do questionário. Isso é recomendável porque o respondente pode ter algum receio de ser identificado a partir de seus dados pessoais e, assim, de que suas respostas às perguntas principais do questionário possam lhe trazer algum prejuízo ou desvantagem. Se houver esse receio, o respondente poderá disfarçar ou simplesmente omitir seus dados pessoais, a fim de preservar o anonimato de suas respostas. É menos problemático que o respondente aja assim em relação ao preenchimento dos dados pessoais do que se ele disfarçar ou omitir respostas às questões centrais do questionário (perguntas sobre competências relevantes). Para efeito do mapeamento, o mais importante é preservar a fidedignidade das respostas às questões sobre o objeto principal do estudo (competências), como aquelas dispostas nos itens 1, 2 e 3 do exemplo apresentado no Quadro 2.1. Em questionários como esse, os campos destinados à coleta de dados biográficos servem fundamentalmente ao propósito de descrever as principais características da amostra de respondentes. Se alguns participantes, pelo exposto, omitirem ou disfarçarem seus dados pessoais, provavelmente isso não trará prejuízo substancial aos resultados da pesquisa. O essencial é conservar a confiabilidade das respostas às demais questões. Finalmente, vale ressaltar que, na diagramação do questionário, os espaços destinados às respostas abertas devem ser suficientes para permitir ao respondente expressar, de forma completa e detalhada, sua percepção sobre cada questão. Para verificar se os enunciados das questões estão claros, livres de ambiguidades, e se os campos destinados às respostas são suficientes, é conveniente a realização de um pré-teste do questionário, antes de sua aplicação, aspecto que será comentado mais adiante.

Discutimos até aqui a utilização de questionários com questões abertas. Em processos de mapeamento de competências, no entanto, é relativamente raro o uso de questionários não estruturados, tendo em vista as dificuldades que esse tipo de instrumento geralmente acarreta. Muitas pessoas têm dificuldade de se expressar por escrito,[59] em especial aquelas de menor nível sociocultural. Em decorrência, é comum o pesquisador encontrar respostas ininteligíveis e caligrafias que simplesmente não permitem a leitura, muito menos qualquer interpretação. Aqueles com maior dificuldade ou aversão à escrita tendem a apresentar respostas lacônicas ou omissões, enquanto os que têm gosto pela escrita tendem a ser ricos e detalhados em suas manifestações. Em razão disso, os resultados do mapeamento acabam enviesados, revelando apenas a percepção de uma parcela da população pesquisada: a daqueles que têm facilidade e gostam de escrever. Há ainda a dificuldade de interpretar e codificar as respostas quando o questionário e o número de respondentes são extensos.

Quando, no mapeamento de competências, for importante ao pesquisador explorar, de forma aberta, as percepções dos respondentes, parece mais apropriada a utilização da entrevista como técnica de coleta de dados, seguindo para tanto as recomendações já discutidas no tópico 2.2.2.

Se a opção for mesmo pela aplicação de questionários, é mais comum o uso de instrumentos estruturados ou semiestruturados. O questionário estruturado é aquele que contém apenas questões fechadas, ou seja, perguntas ou afirmações que apresentam escalas ou alternativas de respostas fixas e preestabelecidas.[43] Nesse caso, cabe ao respondente assinalar a opção de resposta que melhor represente sua opinião ou percepção. Embora as alternativas de resposta possam ser dicotômicas (Sim-Não; Concordo-Discordo; Relevante-Irrelevante; entre outras), o mais comum em questionários destinados ao mapeamento de competências é a utilização de escalas intervalares,[63] ou seja, aquelas em que os intervalos entre os números (opções de resposta) são iguais,[x] seguem uma ordem

---

[x] Além de seguir uma ordem (hierarquia), os números de uma escala intervalar se distanciam igualmente um do outro, ou seja, a distância ou intervalo entre eles é sempre a mesma.[95]

O Mapeamento de Competências

hierárquica e permitem mensurar a posição dos respondentes entre si em relação ao objeto pesquisado.[59]

Nesse caso, o instrumento de pesquisa descreve uma série de competências supostamente relevantes para a empresa, profissional, estratégia ou contexto objeto do mapeamento. O enunciado solicita ao respondente que atribua a cada competência um grau de importância, de acordo com uma escala de respostas predefinida. Para tanto, pode-se utilizar uma escala tipo Likert,[XI] em que cada alternativa ou número recebe um rótulo específico, que designa um nível de importância, como, por exemplo:

1 = Nem um pouco importante

2 = Pouco importante

3 = Medianamente importante

4 = Muito importante

5 = Extremamente importante

Assim, caberia ao respondente assinalar, para cada competência disposta no questionário, o número que melhor representa o grau de importância dela, conforme modelo de instrumento apresentado no Quadro 2.2.

[XI] Rensis Likert (1903-1981) foi professor de Psicologia da Universidade de Michigan (EUA). Em 1932, propôs escalas para medir atitudes, pelas quais os indivíduos eram solicitados a manifestar graus de concordância ou discordância em relação a uma série de afirmações. Em estudos psicossociais, tais escalas são comumente consideradas intervalares. Em geral, o conjunto de termos utilizados para designar os intervalos indicam graus de concordância ou favorabilidade, como, por exemplo: 1 = discordo totalmente, 2 = discordo parcialmente, 3 = não concordo nem discordo, 4 = concordo parcialmente, e 5 = concordo totalmente; ou 1 = desaprovo inteiramente, 2 = desaprovo parcialmente, 3 = aprovo parcialmente, e 4 = aprovo inteiramente. Adaptações desse tipo de escala foram utilizadas posteriormente para medir graus de importância (nem um pouco importante, pouco importante, medianamente importante, muito importante e extremamente importante, por exemplo) e de frequência (nunca, raramente, às vezes, frequentemente e sempre, por exemplo). Para saber mais, consulte Likert,[96] Mattar[59] e Costa.[97]

Quadro 2.2 Exemplo de questionário com questões fechadas e escala tipo Likert com cinco intervalos.

São Paulo, 2 de março de 2017.

Prezado(a) Sr(a),

Este questionário tem o propósito de identificar competências relevantes para a qualidade do atendimento ao cliente. Trata-se de levantamento conduzido pelas divisões de Marketing e Recursos Humanos, visando subsidiar o desenvolvimento de ações, em especial de capacitação profissional, para aprimorar o atendimento ao cliente.

Pedimos sua colaboração no sentido de respondê-lo. Não é necessário identificar-se. Sua resposta é anônima, mas é fundamental que ela reflita exatamente sua percepção. Não existem respostas certas ou erradas. Tudo que desejamos é conhecer sua opinião.

As instruções para resposta estão dispostas a seguir. Depois de responder, por favor remeta o questionário para o endereço indicado no envelope anexo. Sua participação é muito importante!

Agradecemos antecipadamente o seu apoio e colocamo-nos à disposição pelo telefone yyyy-yyyy ou pelo *e-mail* pesquisa@rhrhrh para qualquer esclarecimento necessário.

Atenciosamente,

Fulano de Tal   Sicrano de Tal
Divisão de RH   Divisão de Marketing

São apresentadas, a seguir, competências que podem ou não ser relevantes para a qualidade do atendimento ao cliente. Por favor, leia atentamente tais competências e assinale um número de 1 a 5, nos parênteses à direita dos itens, utilizando a seguinte escala para indicar o quão importante você considera cada competência:

1 = *Nem um pouco importante*

2 = *Pouco importante*

3 = *Medianamente importante*

4 = *Muito importante*

5 = *Extremamente importante*

Continua...

O Mapeamento de Competências

Competência	Grau de Importância
1. Monitorar o atendimento ao cliente, para identificar processos que necessitam de aprimoramento.	( )
2. Prestar atendimento de excelência ao cliente, procurando satisfazer às suas expectativas.	( )
3. Prestar consultoria ao cliente, ajudando-o na escolha do produto ou serviço que melhor atenda às suas necessidades.	( )
4. Organizar as solicitações realizadas pelos clientes, para atendê-las no prazo acordado.	( )
5. Gerenciar o relacionamento com clientes, pautando o atendimento no respeito, na cortesia e na ética.	( )
6. Promover a venda de produtos e serviços a clientes, com transparência e confiabilidade.	( )
7. Negociar preços e condições com clientes, de forma transparente, buscando estabelecer acordos satisfatórios para a empresa e sua clientela.	( )
8. Comunicar-se com o cliente, adotando linguagem clara, objetiva e acessível.	( )
9. Identificar clientes em potencial, a fim de ampliar o volume de negócios da empresa.	( )
10. Acompanhar a conformidade do processo de atendimento ao cliente, observando o Código de Defesa do Consumidor e as normas da organização.	( )

Por favor, informe seus dados pessoais a seguir, assinalando com um X a resposta que representa sua situação atual ou completando as lacunas com as informações solicitadas:

11. Sexo:
    ( ) Masculino
    ( ) Feminino

12. Tipo de função que você exerce atualmente:
    ( ) Gerencial
    ( ) Técnica
    ( ) Operacional

13. Sua idade: _____ anos.

14. Nível de escolaridade que você possui:
    ( ) Ensino Médio Completo
    ( ) Graduação em Andamento
    ( ) Graduação Completa
    ( ) Pós-Graduação Completa (Especialização, MBA, Mestrado ou Doutorado)

Continua...

15. Tempo (em número de anos) em que você trabalha nesta organização: _____ anos.

16. Área em que você trabalha nesta organização:
    ( ) Marketing
    ( ) Gestão de Pessoas
    ( ) Produção
    ( ) Atendimento
    ( ) Logística
    ( ) Outra

Alternativamente, pode-se utilizar uma escala de respostas do tipo diferencial semântico[XII]. Nesta, apenas os pontos extremos da escala são rotulados, utilizando-se para tanto expressões ou adjetivos de significados opostos (bom-ruim, fraco-forte, irrelevante-importante, eficiente-ineficiente, lento-rápido, por exemplo). Em uma escala de seis pontos (intervalos) destinada ao mapeamento de competências, por exemplo, poder-se-ia denominar "Irrelevante" o ponto 1 da escala, enquanto o ponto 6, no outro extremo, poderia ser designado como "Extremamente importante". Assim, ao avaliar cada competência disposta no questionário, quanto mais próximo do número 1 o respondente se posicionar, menor a importância atribuída por ele à competência, e quanto mais próximo do número 6 for a resposta, maior a importância da competência. O questionário teria formato semelhante àquele disposto no Quadro 2.2, alterando-se apenas o bloco central do instrumento, que passaria a dispor de uma escala tipo Osgood (diferencial semântico), conforme exemplo disposto no Quadro 2.3.

Quadro 2.3 Exemplo de questionário com questões fechadas e escala de diferencial semântico (tipo *Osgood*) de seis intervalos.

São apresentadas, a seguir, competências que podem ou não ser relevantes para a qualidade do atendimento ao cliente. Por favor, leia atentamente tais competências e assinale um número de 1 a 6, à direita de cada item, para indicar o quão importante você considera cada competência. Para responder cada item, utilize a seguinte escala:

[XII] Também denominadas escalas tipo Osgood, foram propostas originalmente por Osgood, Suci e Tannenbaum[98] para medir atitudes.

O Mapeamento de Competências

Irrelevante ① ② ③ ④ ⑤ ⑥ Extremamente Importante
*Quanto mais próximo do nº **1** você se posicionar, **MENOS** importante você considera a competência. Quanto mais próximo do nº **6** você se posicionar, **MAIS** importante você considera a competência.*

Competências	Grau de Importância
1. Monitorar o atendimento ao cliente, para identificar processos que necessitam de aprimoramento.	① ② ③ ④ ⑤ ⑥
2. Prestar atendimento de excelência ao cliente, procurando satisfazer às suas expectativas.	① ② ③ ④ ⑤ ⑥
3. Prestar consultoria ao cliente, ajudando-o na escolha do produto ou serviço que melhor atenda às suas necessidades.	① ② ③ ④ ⑤ ⑥
4. Organizar as solicitações realizadas pelos clientes, para atendê-las no prazo acordado.	① ② ③ ④ ⑤ ⑥
5. Gerenciar o relacionamento com clientes, pautando o atendimento no respeito, na cortesia e na ética.	① ② ③ ④ ⑤ ⑥
6. Promover a venda de produtos e serviços a clientes, com transparência e confiabilidade.	① ② ③ ④ ⑤ ⑥
7. Negociar preços e condições com clientes, de forma transparente, buscando estabelecer acordos satisfatórios para a empresa e sua clientela.	① ② ③ ④ ⑤ ⑥
8. Comunicar-se com o cliente, adotando linguagem clara, objetiva e acessível.	① ② ③ ④ ⑤ ⑥
9. Identificar clientes em potencial, a fim de ampliar o volume de negócios da empresa.	① ② ③ ④ ⑤ ⑥
10. Acompanhar a conformidade do processo de atendimento ao cliente, observando o Código de Defesa do Consumidor e as normas da organização.	① ② ③ ④ ⑤ ⑥

Exemplo de utilização desse tipo de questionário pode ser visto no estudo conduzido por Brandão, Borges-Andrade, Freitas e Vieira.[26][XIII] Esses autores utilizaram uma escala de diferencial semântico de dez intervalos para avaliar 38 competências gerenciais junto a uma amostra de 331 gerentes de um banco público.

[XIII] Este artigo foi publicado na revista *Psicologia: Teoria e Pesquisa* (v. 26, nº 1, p. 43-54, 2010), sob o título "Desenvolvimento e estrutura interna de uma escala de competências gerenciais", e pode ser integralmente acessado na Internet, pelo *site* da *Scientific Electronic Library Online* (Scielo Brazil), disponível no seguinte endereço: <http://www.scielo.br>.

Perceba que, nos exemplos disponíveis nos Quadros 2.2 e 2.3, as competências são descritas nos itens do questionário (questões 1 a 10), cabendo ao respondente apenas indicar o grau de importância que atribui a cada uma delas. A aplicação de instrumentos estruturados, então, exige a utilização prévia de uma ou mais das demais técnicas de pesquisa aplicadas ao mapeamento de competências (análise documental, observação, entrevista ou grupo focal). É que você, para formular as competências a serem dispostas no questionário, precisará coletar dados que lhe permitam identificar tais competências, as quais constituirão posteriormente os itens do instrumento pesquisa. Vale mencionar ainda que, em questionários dessa natureza, a coleta de dados biográficos do respondente (idade, escolaridade e outros) serve não apenas ao propósito de caracterizar a amostra de respondentes, mas também de permitir a realização de análises inferenciais dos dados. É possível verificar, com a utilização de testes estatísticos específicos,[XIV] se, em relação às competências avaliadas, há diferenças entre as percepções de determinados grupos (homens × mulheres; gerentes × técnicos; não graduados × graduados × pós-graduados, por exemplo), conforme exemplos disponíveis nos mapeamentos conduzidos por Brandão, Guimarães e Borges-Andrade[58] e Bruno-Faria e Brandão.[41]

Você já deve ter se perguntado que número de intervalos (opções de resposta) deve ser utilizado em escalas destinadas ao mapeamento de competências: cinco intervalos? Seis? Sete ou dez? Qual seria o ideal? Pois então vejamos. Na hipótese de utilizar escalas tipo Likert ou Osgood, como aquelas exemplificadas anteriormente, é importante que você, para definir o número de intervalos (pontos) a serem utilizados, leve em consideração o seguinte:

a) Tais escalas caracterizam-se como bipolares, uma vez que permitem extrair uma resposta positiva ou negativa do sujeito em relação a cada competência avaliada. Assim,

---

[XIV] A análise de variância (*Anova One-Way*) e o *teste t* constituem técnicas estatísticas que permitem identificar a existência de diferenças estatisticamente significantes entre duas médias amostrais. A aplicação dessas técnicas possibilita revelar, por exemplo, se os respondentes do gênero masculino atribuem maior importância às competências avaliadas que as respondentes do gênero feminino; se, em relação às competências avaliadas, há diferenças entre as percepções de respondentes graduados e de não graduados; ou mesmo se indivíduos com menos de 30 anos atribuem maior ou menor importância às competências que indivíduos com 30 anos ou mais, entre outras possibilidades de análise. Para saber mais sobre o uso dessas técnicas, consulte Moore[99] e Levin e Fox.[100]

se o número de intervalos da escala for ímpar, admite-se a possibilidade de o respondente oferecer uma resposta neutra (visto que a ponto central da escala em geral indica "indiferença"); quando o número de intervalos é par, por outro lado, não se admite neutralidade na resposta, o que obriga o respondente a fazer uma escolha favorável ou desfavorável.[35; 64]

b) Alguns estudos sugerem que não existem diferenças substanciais nas respostas quando a escala possui de quatro a dez intervalos,[64] mas é importante ter em mente que escalas com poucos intervalos de resposta (menos de cinco) geralmente não permitem diferenciação satisfatória entre as competências avaliadas. Em escalas com três ou quatro intervalos, por exemplo, muitas vezes as competências avaliadas percebem graus muito similares de importância, por causa da tendência de os respondentes utilizarem apenas os pontos posteriores da escala, atribuindo muita importância a todas as competências avaliadas.

c) Escalas com maior número de pontos (mais que cinco intervalos) geralmente possibilitam maior diferenciação entre as competências avaliadas, tendo em vista a possibilidade de se obter maior variabilidade de respostas, dado o maior número de alternativas que o respondente dispõe para avaliar cada competência.

d) Se o número de intervalos da escala for superior a sete, é melhor evitar o uso de escala tipo Likert, tendo em vista a dificuldade de atribuir rótulos (denominações que designem uma ordem hierárquica) a cada um dos intervalos da escala. Quando o número de intervalos for superior a sete, é mais recomendável o uso de escala tipo Osgood (escala de diferencial semântico).

Há ainda outro aspecto a ser considerado na escolha da escala a ser utilizada no questionário. A do tipo Likert geralmente é mais fácil de ser compreendida e utilizada por indivíduos com menor nível sociocultural, comparativamente à escala de diferencial semântico, de forma que é preferível o seu uso quando houver entre os respondentes sujeitos com baixo grau de escolaridade (ensino médio incompleto, por exemplo).

Existe também a possibilidade de utilizar uma escala de ordenação, solicitando ao respondente que ordene as competências de acordo com a importância relativa de cada uma, colocando em primeiro lugar a competência considerada mais importante e, em último, a menos importante.[35] Exemplo disso pode ser visto no estudo conduzido por Santos,[65] [XV] que, utilizando uma escala de ordenação, identificou o grau de importância de oito competências relevantes ao exercício de um cargo diretivo. O Quadro 2.4, a seguir, apresenta um exemplo de questionário estruturado com escala de ordenação.

Quadro 2.4 Exemplo de questionário com questões fechadas e escala de ordenação.

São Paulo, 2 de março de 2017.

Prezado(a) Sr(a),

Este questionário tem o propósito de identificar competências relevantes ao exercício de funções gerenciais na organização em que você trabalha. Trata-se de estudo realizado pela Diretoria de Gestão de Pessoas, que visa subsidiar o desenvolvimento de programas de capacitação profissional.

Pedimos sua colaboração no sentido de respondê-lo. Não é necessário identificar-se. Sua resposta é anônima, mas é fundamental que ela reflita exatamente sua percepção. Não existem respostas certas ou erradas. Tudo que desejamos é conhecer sua opinião.

As instruções para resposta estão dispostas a seguir. Depois de responder, por favor, deposite o questionário, sem identificação, na caixa postal da Diretoria de Gestão de Pessoas (3º andar). Sua participação é muito importante!

Agradecemos antecipadamente o seu apoio e colocamo-nos à disposição pelo telefone yyyy-yyyy ou pelo *e-mail* gp@gpgpgp para qualquer esclarecimento necessário.

Atenciosamente,

Fulano de Tal
Diretoria de Gestão de Pessoas

Continua...

[XV] Este artigo foi publicado na *Revista de Administração da USP* (v. 36, nº 2, p. 25-32, 2001), sob o título "O uso do método Delphi na criação de um modelo de competências", e pode ser integralmente acessado na internet, pelo site da Revista (Rausp), no seguinte endereço: <http://www.rausp.usp.br>.

O Mapeamento de Competências

São apresentadas, a seguir, competências que podem ou não ser relevantes ao desempenho de funções gerenciais. Por favor, ordene tais competências, numerando de 1 a 7 os parênteses à direita de cada item. Coloque o número 1 para a competência que você considera mais importante; o número 2 para a segunda competência mais importante; e assim sucessivamente até assinalar o número 7 para a competência que você julga ser menos importante para o exercício de funções gerenciais.

Competências	Ordem de Importância
1. Formular planos e estratégias para cumprir as metas de sua equipe, estabelecendo ações, responsabilidades, prazos e prioridades.	( )
2. Distribuir adequadamente as tarefas entre os integrantes de sua equipe, de acordo com as capacidades e aptidões de cada um.	( )
3. Organizar as atividades de sua equipe, para realizá-las no prazo previsto.	( )
4. Comunicar-se com os integrantes de sua equipe, de forma transparente, mantendo-os permanentemente informados sobre questões importantes da empresa.	( )
5. Gerenciar conflitos no ambiente de trabalho, procurando manter a coesão e a harmonia entre os integrantes de sua equipe.	( )
6. Tomar decisões no trabalho levando em consideração os possíveis impactos sobre os empregados, o meio ambiente e a sociedade.	( )
7. Estimular a participação dos empregados na tomada de decisões, valorizando as contribuições oferecidas por eles.	( )

Por favor, informe seus dados pessoais a seguir, assinalando com um X a resposta que representa sua situação atual ou completando as lacunas com as informações solicitadas:

8. Sexo:

   ( ) Masculino

   ( ) Feminino

9. Tipo de função que você exerce atualmente:

   ( ) Gerencial

   ( ) Técnica

   ( ) Operacional

10. Sua idade: _____ anos.

Continua...

> 11. Nível de escolaridade que você possui:
>   ( ) Ensino Médio Completo
>   ( ) Graduação em Andamento
>   ( ) Graduação Completa
>   ( ) Pós-Graduação Completa (Especialização, MBA, Mestrado ou Doutorado)
> 12. Tempo (em número de anos) em que você trabalha nesta organização: _____ anos.
> 13. Área em que você trabalha nesta organização:
>   ( ) Marketing
>   ( ) Gestão de Pessoas
>   ( ) Produção
>   ( ) Atendimento
>   ( ) Logística
>   ( ) Outra

A utilização de uma escala de ordenação possui a vantagem de permitir a obtenção de razoável diferenciação entre as competências avaliadas, na medida em que força o respondente a ordená-las, dispondo as competências em uma ordem hierárquica de importância. Ela, de outro lado, apresenta uma desvantagem importante: só permite a avaliação de um número reduzido de competências. Para o respondente, em geral é relativamente fácil ordenar cinco ou seis competências. Se forem nove ou dez competências a serem ordenadas, esse trabalho já se torna mais complexo, exigindo maior esforço cognitivo do indivíduo para comparar a importância relativa de cada competência. Imagine só ter de ordenar quinze ou vinte competências. Seria complicado, não é? Isso exigiria tanto esforço cognitivo do respondente, que dificilmente ele conseguiria fazê-lo de forma precisa e criteriosa. Assim, só é recomendável o uso da escala de ordenação quando for igual ou inferior a dez o número de competências a serem avaliadas. Quando for requerida a avaliação de mais de dez competências, é mais aconselhável o uso de escalas do tipo Likert ou Osgood.

Finalmente, há ainda a possibilidade de serem utilizados questionários semiestruturados, ou seja, aqueles que possuem tanto questões

O Mapeamento de Competências

fechadas como abertas. No caso dos processos de mapeamento de competências que utilizam esse tipo de questionário, geralmente se introduz uma única questão aberta, logo após as questões fechadas sobre competências, e antes dos campos destinados à coleta dos dados biográficos do respondente. Assim, os questionários apresentados anteriormente nos Quadros 2.2 e 2.3 poderiam ser considerados semiestruturados caso fosse inserida, após as questões fechadas (numeradas de um a dez), a seguinte pergunta aberta: *"Além das competências descritas anteriormente (nos itens 1 a 10 do questionário), há alguma outra competência que você considera relevante para a qualidade do atendimento ao cliente?"*

Independentemente do tipo de questionário ou da escala de avaliação utilizada, é fundamental realizar uma validação semântica do instrumento antes de sua aplicação,[3] visando verificar se a apresentação, o enunciado, a escala e os itens do questionário são bem compreendidos pelos respondentes. Para realizar essa análise, Brandão et al.,[26] por exemplo, aplicaram seu questionário a uma pequena amostra de 12 sujeitos e depois os entrevistaram, procurando identificar dificuldades de resposta, falhas ou incorreções no instrumento, eliminar ambiguidades e itens sugestivos, a fim de assegurar a compreensão dos itens e da escala por parte da população a que se destinava o questionário.

Se essa população for heterogênea, é importante ainda que a amostra utilizada nesse pré-teste, para validação semântica, seja composta por pessoas de diferentes formações e graus de escolaridade, como observado por Bruno-Faria e Brandão.[41] Realizados eventuais ajustes ou correções no instrumento de pesquisa, em decorrência desse teste, é possível finalmente aplicar os questionários junto a uma amostra maior, que seja representativa da população pesquisada.

Você então terá que decidir pela forma de aplicação do questionário. Se o instrumento for impresso, poderá ser aplicado pessoalmente ou pelo correio (serviço postal ou malote interno da organização estudada). É bom ter em mente que cada forma de aplicação possui vantagens e desvantagens. Quando aplicados pessoalmente, pelo próprio pesquisador ou pessoa por ele designada, em geral se obtém boa taxa de questionários respondidos, posto que os participantes muitas vezes sentem-se mais inclinados a responder o instrumento quando isso lhes é solicitado pessoalmente. A presença do pesquisador por ocasião da aplicação, no entanto, pode constranger os respondentes, fazendo-os introduzir possíveis vieses em suas respostas. Quando os questionários são aplicados pelo correio ou pelo malote interno da organização, por outro lado, evitam-se vieses que poderiam ser introduzidos pela presença do pesquisador, mas geralmente é baixa a taxa de retorno de instrumentos respondidos, especialmente quando a aplicação é feita por serviço postal. Cabe mencionar, ainda, que questionários impressos, independentemente da forma de aplicação (pessoal ou pelo correio), exigem a digitação das respostas, para fins de tabulação e análise dos resultados, o que sujeita o processo a mais um risco: o de o digitador cometer equívocos na tabulação das repostas, introduzindo assim erros no cômputo dos resultados.

A aplicação dos questionários pode ser realizada também por *e-mail*, telefone ou por *sites* específicos que se destinam à coleta de dados pela Internet (ou pela Intranet da organização). A coleta dos dados via *e-mail* possui fundamentalmente as mesmas vantagens e desvantagens da aplicação realizada pelo correio convencional, mencionadas anteriormente, exceto pelo fato de o uso do *e-mail* ser mais barato, por evitar os custos com a impressão dos questionários e sua remessa por serviço postal. A coleta realizada por telefone, por outro lado, tem em essência as mesmas vantagens e desvantagens da aplicação realizada presencialmente. Ela geralmente promove a adesão dos participantes, aumentando a taxa de questionários respondidos, mas a presença do pesquisador, ainda que mediada pelo telefone, pode constranger os respondentes, fazendo-os introduzir potenciais vieses nas respostas. Boa alternativa é a aplicação do questionário por meio de *site* na Internet (ou Intranet da organização) especificamente destinado à coleta dos dados. Essa estratégia de aplicação evita: (a) custos com impressão e remessa postal de questionários, que estão presentes quando a aplicação é realizada via correio; (b) eventuais vieses que poderiam ser introduzidos pela presença do pesquisador, no caso da aplicação pessoal ou por telefone; e (c) os potenciais erros de tabulação das respostas, visto que os dados são capturados direto da fonte (o respondente) e transferidos automaticamente para um banco de dados, sem que tenham que ser digitados e tabulados

O Mapeamento de Competências

por terceiros. Há *sites* na Internet – alguns são gratuitos enquanto outros cobram por seus serviços – que se destinam à hospedagem de questionários e realização de pesquisas.

Uma vez escolhida a estratégia de aplicação do questionário, você terá então que selecionar os participantes do mapeamento de competências, ou seja, aqueles para quem os instrumentos serão destinados. Uma das vantagens de utilização do questionário é justamente a possibilidade de coletar dados junto a um grande número de pessoas. Quando for pequena a população de empregados da organização ou de pessoas do público-alvo do mapeamento (menos de 300 sujeitos, por exemplo), pode-se optar pela realização de um censo, ou seja, por destinar o questionário para todos os integrantes da população. Há situações, no entanto, especialmente em grandes organizações, que a realização de um censo implicaria aplicar o questionário junto a milhares de pessoas. Nesses casos, geralmente é mais recomendado selecionar uma amostra (isto é, uma parcela da população) para responder ao questionário. Pode-se utilizar uma amostra probabilística, ou seja, aquela em que os integrantes são selecionados aleatoriamente, tendo cada um deles a mesma probabilidade de ser escolhido. O cálculo do número de respondentes desejado (tamanho da amostra) pode ser feito com o emprego da fórmula proposta por Richardson[43] e Viegas:[66]

$$n = \frac{\sigma^2 \times p \times q \times N}{E^2(N-1) + \sigma^2 \times p \times q}, \qquad \text{onde:}$$

n = tamanho da amostra;

σ^2 = nível de confiança (expresso em número de desvios-padrão – sigmas);

p = proporção da população que possui a propriedade pesquisada (em percentual);

q = proporção da população que não possui a propriedade pesquisada (q = 100 – p);

N = tamanho da população; e

E^2 = erro de estimação permitido (em valores percentuais).

Para o referido cálculo, sugere-se utilizar um nível de confiança de 95% (equivalente a dois desvios-padrão), um erro de estimação de 5% e uma proporção (p) de 50%, por serem parâmetros comumente utilizados em pesquisas sociais.[43; 66] Dessa forma, em uma empresa com 10.000 empregados (tamanho da população), por exemplo, seria recomendável selecionar aleatoriamente 385 deles para compor a amostra de respondentes, conforme calculado a seguir:

$$n = \frac{2^2 \times 50 \times 50 \times 10.000}{5^2(10.000-1) + 2^2 \times 50 \times 50} = \frac{100.000.000}{259.975} =$$

$$= 384{,}65 \cong 385 \text{ respondentes}$$

Outra alternativa é utilizar uma amostra não probabilística, caso em que os respondentes não são selecionados aleatoriamente, mas, sim, por critérios como: (a) acessibilidade ou conveniência (quando os participantes são escolhidos pela facilidade de acesso a eles e a disposição deles em responder o questionário); ou (b) tipicidade (quando os respondentes são intencionalmente selecionados em razão de alguma particularidade, como o cargo que exercem, a formação ou a experiência que possuem, por exemplo).

Depois de aplicados os questionários, podem-se finalmente tabular as respostas e analisar os resultados. A tabulação é geralmente feita com o uso de aplicativos estatísticos, como o *Microsoft Excel*® e o *Statistical Package for the Social Sciences – SPSS*®,[XVI] por exemplo. O procedimento consiste em formular uma planilha eletrônica dispondo os respondentes nas linhas da planilha e os itens do questionário nas colunas. Se por hipótese você tiver aplicado um questionário de oito itens (competências avaliadas) em uma amostra de dez sujeitos, em que estes assinalaram um grau de importância para cada competência, variando de 1 (irrelevante) a 10 (extremamente importante). Nesse caso, a planilha com a tabulação das respostas poderia ser formulada conforme disposto na Tabela 2.6:

[XVI] Mais informações sobre esses aplicativos podem ser obtidas, respectivamente, nos seguintes endereços na Internet: <http://office.microsoft.com/pt-br/excel> e <http://www.spss.com.br>.

O Mapeamento de Competências

Tabela 2.6 Exemplo de tabulação de dados coletados por meio de questionário estruturado.

Respondentes	Itens do Questionário (Competências Avaliadas)							
	1	2	3	4	5	6	7	8
1	10	7	8	10	2	9	8	6
2	9	6	4	10	9	7	10	8
3	10	8	7	10	3	8	9	9
4	8	5	3	9	2	9	10	5
5	8	7	5	10	5	9	8	7
6	7	7	6	8	4	8	9	7
7	9	8	7	10	3	7	9	6
8	10	5	8	10	1	9	8	8
9	10	4	4	9	5	6	10	6
10	8	6	4	10	2	9	10	8

Nota: Dados hipoteticamente coletados por questionário com oito itens (competências avaliadas) em uma amostra de dez sujeitos, com a utilização de uma escala de dez intervalos, que variava de 1 (competência irrelevante) a 10 (competência extremamente importante).

Perceba, na Tabela 2.6, que os dez respondentes foram dispostos nas linhas da planilha e numerados sequencialmente de 1 a 10, enquanto os itens do questionário foram dispostos nas colunas da planilha e numerados de 1 a 8. As respostas do Respondente 1 aos oito itens do questionário foram então digitadas na Linha 1, as do Respondente 2, na segunda linha, e assim sucessivamente até a Linha 10 (último sujeito da amostra). Feita essa tabulação das respostas, é possível então analisar os resultados.

Quando o questionário se utiliza de escalas intervalares[XVII] – como aquelas comentadas anteriormente (tipo Likert ou Osgood, por exemplo) – para mensurar a importância das competências, emprega-se a estatística descritiva para apresentação e análise dos

---

[XVII] Escalas intervalares são aquelas em que os intervalos entre os números (opções de resposta) são iguais, seguem uma ordem hierárquica e permitem mensurar a posição dos respondentes entre si em relação ao objeto pesquisado. [59; 95]

dados.[XVIII] Geralmente são extraídos a média aritmética (medida de tendência central) e o desvio-padrão (medida de dispersão) das respostas em relação a cada competência (item do questionário), conforme exemplo disposto na Tabela 2.7:

Tabela 2.7 Exemplo de análise descritiva de respostas a questionário estruturado.

Competências Avaliadas (Itens do Questionário)	Média Aritmética	Desvio-Padrão
4. Prestar atendimento de excelência ao cliente, procurando satisfazer às suas expectativas.	9,60	0,70
7. Organizar as solicitações realizadas pelos clientes, para atendê-las no prazo acordado.	9,10	0,88
1. Prestar consultoria ao cliente, ajudando-o na escolha do produto ou serviço que melhor atenda às suas necessidades.	8,90	1,10
6. Gerenciar o relacionamento com clientes, pautando o atendimento no respeito, na cortesia e na ética.	8,10	1,10
8. Promover a venda de produtos e serviços a clientes, com transparência e confiabilidade.	7,00	1,25
2. Negociar com clientes de forma transparente, buscando estabelecer acordos satisfatórios para a empresa e sua clientela.	6,30	1,34
3. Comunicar-se com o cliente, adotando linguagem clara, objetiva e acessível.	5,60	1,84
5. Acompanhar a conformidade do processo de atendimento ao cliente, observando o código de defesa do consumidor e as normas da organização.	3,60	2,32

Nota: Médias e desvios-padrão calculados a partir dos dados dispostos na Tabela 2.6 (amostra de dez sujeitos e escala de dez intervalos, variando de 1 (irrelevante) a 10 (extremamente importante).

[XVIII] Em alguns casos, dependendo do tamanho da amostra, do número de variáveis (competências avaliadas) do questionário e da finalidade do mapeamento, podem-se empregar também técnicas estatísticas multivariadas, como as análises de componentes principais, fatorial e de consistência interna, por exemplo. Estas permitem estimar a qualidade psicométrica do questionário (validade e fidedignidade de seus itens), mas não serão discutidas aqui, pela complexidade envolvida e porque a aplicação dessas técnicas extrapola o escopo principal deste livro. Para aprofundar-se em relação ao uso de técnicas estatísticas multivariadas, pode-se recorrer a Pasquali[95] e Hair et al.[101] Exemplo de utilização de análise fatorial e de consistência interna no processo de mapeamento de competências pode ser visto em Brandão et al.,[26] artigo que se encontra disponível para consulta e *download na Scientific Electronic Library Online – SciELO Brazil*, pelo *site* <www.scielo.br>.

O Mapeamento de Competências

Perceba, na Tabela 2.7, que a Competência 4 (*Prestar atendimento de excelência ao cliente, procurando satisfazer às suas expectativas*) obteve a maior média[XIX] (9,60), sendo considerada a mais importante pelos respondentes. Como a escala de avaliação utilizada neste exemplo variava de 1 (irrelevante) a 10 (extremamente importante), quanto mais próximo de 10 (ponto máximo da escala) for a média, maior a importância da competência. De outro lado, quando a média aproxima-se de 1 (ponto mínimo da escala), menor é a relevância da competência. Note também que as competências apresentadas nessa tabela não estão dispostas na mesma ordem em que se encontravam no questionário. Elas foram ordenadas, de forma decrescente, em razão de sua média, o que constitui uma estratégia muito utilizada para expor e analisar os dados coletados, visto que permite a fácil visualização das competências mais e menos importantes.

O desvio-padrão,[XX] por sua vez, constitui uma medida de dispersão, ou seja, de variabilidade das respostas em torno da média. Quanto maior o desvio-padrão, maior a variabilidade das respostas. Em questionários de mapeamento de competências, o desvio-padrão pode ser interpretado, *grosso modo*, como um indicador de consenso ou dissenso entre os respondentes em relação a cada competência avaliada. Quanto menor o desvio-padrão, menor a variabilidade, ou seja, mais homogêneas são as respostas. Quanto maior for o desvio-padrão, por outro lado, maior a variabilidade das respostas, sugerindo a existência de certo dissenso entre os respondentes. Na Tabela 2.7, você pode observar que as competências avaliadas, em sua maioria, revelaram desvios-padrão próximos a 1, o que, em uma escala de dez intervalos (como a deste exemplo), pode ser interpretado como pequena variabilidade das respostas em torno da média. Há duas competências (*3 – Comunicar-se com o cliente, adotando linguagem clara, objetiva e acessível*; e *5 – Acompanhar a conformidade do processo de atendimento ao cliente, observando o código de defesa do consumidor e as normas da organização*), por sua vez, que apresentaram desvios-padrão próximos ou superiores a 2, indicando razoável

---

[XIX] A média constitui a medida de tendência central mais comumente utilizada. Para calculá-la, basta somar as respostas atribuídas pelos respondentes ao item do questionário (competência) e dividir pelo número de respondentes.[100]

[XX] Para ser calculado, devem-se somar os quadrados dos desvios em relação à média, dividir pelo número de respondentes e extrair a raiz quadrada.[100]

variabilidade nas respostas: alguns respondentes consideraram muito importantes essas duas competências, enquanto outros as classificaram como irrelevantes.

Quando o questionário se utiliza de uma escala de ordenação[XXI] – como aquela apresentada anteriormente, no Quadro 2.4 – para mensurar a importância das competências, pode-se utilizar também outra estratégia de análise e apresentação dos dados coletados. Ao invés de extrair a média aritmética e o desvio-padrão das respostas em relação a cada item do questionário (competência avaliada), é possível simplesmente somar as respostas (ordens atribuídas pelos respondentes) a cada competência, conforme exemplo disposto na Tabela 2.8:

Tabela 2.8 Exemplo de análise descritiva de respostas a questionário estruturado (escala de ordenação).

Competências Avaliadas (Itens do Questionário)	Somatório
3. Organizar as atividades de sua equipe, para realizá-las no prazo previsto.	17
1. Formular planos e estratégias para cumprir as metas de sua equipe, estabelecendo ações, responsabilidades, prazos e prioridades.	25
5. Gerenciar conflitos no ambiente de trabalho, procurando manter a coesão e a harmonia entre os integrantes de sua equipe.	32
7. Estimular a participação dos empregados na tomada de decisões, valorizando as contribuições oferecidas por eles.	34
6. Tomar decisões no trabalho levando em consideração os possíveis impactos sobre os empregados, o meio ambiente e a sociedade.	49
4. Comunicar-se com os integrantes de sua equipe, de forma transparente, mantendo-os permanentemente informados sobre questões importantes da empresa.	56
2. Distribuir adequadamente as tarefas entre os integrantes de sua equipe, de acordo com as capacidades e aptidões de cada um.	67

Nota: somatórios calculados a partir de respostas hipoteticamente atribuídas por dez sujeitos (amostra) ao questionário apresentado no Quadro 2.4.

[XXI] Quando aplicada ao mapeamento de competências, escala comparativa ou de ordenação é aquela em que se solicita ao respondente que ordene as competências apresentadas no questionário, de acordo com a importância de cada uma.[35] Pede-se ao respondente que coloque em primeiro lugar a competência considerada mais importante e, em último, a menos importante.

O Mapeamento de Competências

Você pode observar, na Tabela 2.8, que a Competência 3 (*Organizar as atividades de sua equipe, para realizá-las no prazo previsto*) obteve o menor somatório ($\Sigma = 17$), ou seja, foi considerada pelos respondentes como a de maior importância. Como o enunciado do questionário solicitava aos respondentes atribuir o número 1 para a competência mais importante, o 2, para a segunda competência mais importante, e assim sucessivamente, então as competências com menor somatório são consideradas mais importantes. De outro lado, aquelas cujos somatórios são maiores, como a competência "*2 – Distribuir adequadamente as tarefas entre os integrantes de sua equipe, de acordo com as capacidades e aptidões de cada um*" ($\Sigma = 67$), possuem menor relevância para os respondentes. Observe também que as competências apresentadas nessa tabela não estão dispostas na mesma ordem em que se encontravam originalmente no questionário (Quadro 2.4 apresentado anteriormente). Elas foram ordenadas, de forma crescente, em razão dos somatórios que obtiveram. Essa ordenação constitui uma prática comumente utilizada para expor e analisar os dados coletados, visto que permite a fácil visualização das competências mais e menos importantes. É bom ressaltar ainda que, no exemplo disposto na Tabela 2.8, em que uma amostra de dez respondentes avaliou sete competências, a amplitude dos somatórios poderia variar de um mínimo de dez (situação hipotética em que todos os dez respondentes atribuíssem o número um para a mesma competência) a um máximo de 70 (no caso de os dez respondentes atribuírem o número sete para a mesma competência).

Compreendeu os procedimentos que devem ser adotados para aplicação de questionários de mapeamento de competências e análise dos dados coletados? Então procure exercitar. Faça os Exercícios 6 e 7, disponíveis no Apêndice deste livro, e veja o quão bem você consegue, respectivamente, formular um questionário estruturado e realizar análises descritivas de dados coletados.

Como visto, a aplicação de questionários constitui estratégia comumente utilizada para mapear competências. Os dados coletados por meio dessa técnica, no entanto, assim como aqueles obtidos em entrevistas ou grupos focais, restringem-se fundamentalmente àquilo que o indivíduo consegue e deseja escrever ou verbalizar, a partir de roteiros ou formulários criados e administrados pelo mapeador. Certas vezes, para obter dados detalhados e informações que o sujeito não consegue verbalizar, faz-se necessário observar diretamente como ele age, desempenha ou se comporta em seu próprio contexto de trabalho. Quando isso ocorrer, você pode se valer da *observação* como técnica de coleta de dados, o que será discutido a seguir.

2.2.5 Observação

A observação consiste no registro e exame detalhado de dados sobre comportamentos, fenômenos ou ações relacionados ao objeto estudado, sem envolver questionamentos e respostas, verbais ou escritas, entre o observador e os sujeitos ou grupos observados.[59]

Trata-se de técnica indicada para estudos mais aprofundados, que possibilita não apenas obter a informação no momento em que ocorre o evento ou situação estudada, mas também verificar detalhes que poderiam ser esquecidos pelos sujeitos que vivenciaram o acontecimento.[43]

Carbone et al.[3] ressaltam que uma das vantagens da observação, no processo de mapeamento de competências, refere-se à possibilidade de examinar detalhes do desempenho de pessoas e grupos no seu próprio contexto de trabalho, identificando dados que poderiam ser omitidos pelos profissionais pesquisados, caso a coleta fosse realizada por meio de entrevistas, grupos focais ou questionários.

É que, dependendo do papel ocupacional exercido, alguns comportamentos ou ações são adotados pela pessoa no trabalho de forma tão automatizada, que escapam à sua consciência e resistem à descrição em palavras.[43] Há aspectos do comportamento humano no trabalho que não poderiam ser examinados satisfatoriamente de outra forma.[43]

Vejamos, por exemplo, quando o profissional se depara com a tarefa de mapear competências relevantes ao trabalho de um panificador. Se o mapeador optar por entrevistar ou realizar grupos focais com padeiros, ainda que muito experientes, é pouco provável que consiga compreender precisamente, pela simples descrição oral dos entrevistados, os procedimentos ou movimentos exatos que eles utilizam para sovar a massa dos pães que produzem. Além disso, como o padeiro, à medida que se torna mais experiente, passa a adotar muitos procedimentos de forma automatizada, é possível que, uma vez entrevistado, se esqueça de revelar ao entrevistador informações relevantes ao mapeamento de competências, como a temperatura do forno ou o tempo em que a massa deve permanecer assando.

Imagine então como seria complicado, por meio apenas de entrevistas ou da aplicação de questionários, mapear competências relevantes à realização de cirurgias em uma emergência hospitalar. A menos que o entrevistador seja formado em medicina, é improvável que consiga compreender a terminologia e os procedimentos oralmente descritos (ou escritos, no caso de uso do questionário) pelos médicos entrevistados. Estes, por sua vez, dada a complexidade de seu papel ocupacional, dificilmente conseguiriam descrever oralmente ou por escrito, com precisão, sem omissões, todos os procedimentos que adotam em seu trabalho. Em casos como esses, é mais recomendável que o mapeador observe o profissional trabalhando em seu próprio contexto de trabalho (o panificador produzindo pães e o médico realizando cirurgias), a fim de compreender mais precisa e detalhadamente a natureza das atividades realizadas e competências requeridas.

Em situações como as exemplificadas, aconselha-se o uso da observação, porque essa técnica de pesquisa requer pouco dos sujeitos ou grupos objeto de estudo, deixando-os como elementos passivos, sem exigir-lhes esforço além do desempenho natural de suas atividades no trabalho.[43] De outro lado, como a observação exige bastante do observador (mapeador), é fundamental que este tenha qualificação, preparo técnico, domínio de conteúdo dos aspectos estudados e controle emocional.[43]

A observação pode ser do tipo "participante", quando o investigador atua como se fosse um integrante da equipe de trabalho observada,[66; 3] colocando-se na posição e no nível dos membros do grupo estudado. Pode ainda ser do tipo "não participante", quando o observador não compõe a equipe, como se fosse membro do grupo observado, mas atua apenas como um espectador externo, que, por meio de um roteiro de observação, procura identificar e registrar ocorrências que interessem ao estudo.[43]

Independentemente do tipo de observação realizada, é fundamental, para o bom desenvolvimento do processo de coleta de dados, que seja mantido um relacionamento amistoso e um clima de confiança entre o observador e os componentes da equipe observada.[3] Assim, torna-se possível ao observador obter maior aceitação dos participantes do grupo, compreender de forma mais ampla o objeto e identificar as competências que indivíduos ou grupos manifestam no trabalho.[43]

Recomenda-se que, sempre quando possível, a observação seja não disfarçada,[59] ou seja, que a condição do observador e os objetivos da pesquisa sejam esclarecidos ao grupo ou pessoa observada. O ingresso informal do observador no grupo, sem revelar sua situação, geralmente é desaconselhável porque pode ferir questões éticas, de respeito ao grupo e de transparência nos procedimentos adotados.[43]

A observação disfarçada, de outro lado, é aquela em que o observador fica oculto ou se utiliza de instrumentos eletrônicos (câmaras de videogravação, por exemplo) para registrar a atuação das pessoas e posteriormente proceder às interpretações e análises.[59] Seu uso só se justifica quando se presume que o conhecimento pela pessoa ou grupo de que está sendo observado pode induzi-lo a adotar um comportamento muito diferente do usual. Se o observado supõe que o registro de sua atuação no trabalho pode expô-lo socialmente, prejudicando-o profissionalmente, é bem possível que altere seu comportamento natural, introduzindo assim vieses no mapeamento de competências. Ocorre que, pelos aspectos éticos envolvidos (e em alguns casos até questões legais), raramente é aconselhável o uso da observação disfarçada. Quando sua aplicação for imprescindível para evitar vieses no comportamento dos observados, Mattar[59] sugere que, em respeito à questão ética, as pessoas observadas sejam ao menos informadas a respeito e seja dada a elas a opção de consentirem ou não com a análise daquilo que foi observado.

A observação pode ser ainda sistemática ou assistemática, dependendo de seu grau de estruturação.[43] A primeira pressupõe a existência de uma estrutura previamente definida, que direciona a coleta dos dados (a observação propriamente dita), seu registro em fichas específicas, a classificação em categorias estabelecidas e a apuração da frequência com que ocorrem. A segunda possui caráter mais exploratório, com pouca ou nenhuma estruturação, caso em que a observação ocorre de forma mais livre, sem o uso de roteiros rígidos, e sem a realização de registros sistemáticos em fichas específicas.

No processo de mapeamento de competências, mesmo quando se opta por realizar uma observação menos sistematizada (de caráter mais exploratório), é recomendável a adoção de uma estrutura, ainda que mínima, para direcionar o processo, o que pode envolver:

a) delimitação do objeto, ou seja, a definição dos tipos e da abrangência das competências a serem mapeadas;

b) elaboração de um roteiro;

c) definição da amostra, ou seja, seleção das pessoas ou grupos que serão observados, levando-se em consideração a contribuição que podem oferecer ao processo (pelo conhecimento ou a experiência que detêm);

d) estabelecimento dos mecanismos de registro dos dados (gravação, anotações, fichas, por exemplo);

e) observação propriamente dita, seguindo o roteiro predefinido (se for o caso);

f) depuração das anotações e/ou gravações realizadas;

g) análise dos dados e descrição de seu conteúdo (competências observadas); e

h) cômputo da frequência com que as competências foram manifestas pelas pessoas ou grupos observados.

Vale ressaltar que um dos maiores dificultadores do uso da observação decorre do fato de o registro do observado ser determinado pela capacidade de interpretação do observador. As interpretações geralmente dependem do nível cognitivo, dos sentimentos, das crenças e valores do observador. Em decorrência, Mattar[59] recomenda que as situações ou fatos sejam observados por mais de uma pessoa ou que estes sejam gravados em vídeo, o que elevaria a precisão dos registros e permitiria que sua interpretação fosse posteriormente feita por uma junta de observadores.

Exemplo de utilização da técnica de observação pode ser visto na pesquisa conduzida por Del Prette et al.[67] [XXII] Esses autores examinaram como uma professora aplicava, no contexto de sala de aula, as competências que havia aprendido em um programa de desenvolvimento interpessoal. Esse treinamento objetivou desenvolver a professora em habilidades para estruturar interações sociais educativas. Nessa investigação, as competências desejadas da professora foram identificadas e descritas por meio de comportamentos observáveis. Para avaliar em que medida o treinamento contribuiu para o desenvolvimento dessas competências, os pesquisadores registraram, por meio de videogravação em sala de aula, o desempenho da professora antes e depois de ela participar do curso. Em seguida, por meio de protocolos de análise, examinaram o conteúdo das filmagens e compararam a frequência com que diversos comportamentos – os quais caracterizavam as competências – foram manifestados pela professora antes e depois do treinamento. Os resultados dessa avaliação indicaram importantes mudanças no comportamento da professora, evidenciando a contribuição do treinamento para o desenvolvimento de suas competências profissionais.

É comum também o uso da observação combinado com outras técnicas de mapeamento de competências, a exemplo do trabalho conduzido por Boak e Coolican.[68] Com o intuito de mapear competências relevantes para gerentes de área de uma grande empresa britânica do setor varejista, esses autores selecionaram uma amostra de sete gerentes considerados os mais eficazes da empresa e estudaram o comportamento deles no trabalho, por meio de observação direta, entrevistas e discussões em grupo focal. Depois, descreveram operacionalmente as competências, sob a forma de comportamentos observáveis no trabalho, e utilizaram um questionário – aplicado à mesma amostra – para validar semanticamente as competências e identificar o grau de importância de cada uma delas. Esse mapeamento permitiu a identificação de 36 comportamentos relevantes aos gerentes de área, os quais foram denominados "competências gerenciais-chave para o setor de varejo". Entre as

---

[XXII] Este artigo foi publicado pela revista *Psicologia: Reflexão e Crítica* (v. 11, n. 3) e encontra-se integralmente disponível para consulta e *download* na *Scientific Electronic Library Online – SciELO Brazil*, pelo *site* <www.scielo.br>.

O Mapeamento de Competências

competências mapeadas, é possível mencionar:[XXIII] *"identificar oportunidades negociais por meio do trabalho em equipe, da avaliação prévia do potencial de negócios e da priorização das ações mais importantes"*; e *"conduzir processos de trabalho, mobilizando recursos relevantes e manifestando determinação para concretizar os objetivos"*.

Compreendeu como a observação pode ser utilizada como técnica para mapeamento de competências? Então procure exercitar. Faça o Exercício 8, disponível no Apêndice deste livro, e veja o quão bem você consegue, observando a atuação de uma equipe de trabalho, mapear competências relevantes ao desempenho dessa equipe.

Neste capítulo procurou-se apresentar e discutir os métodos de pesquisa social, procedimentos e instrumentos comumente utilizados para identificar competências relevantes para o desempenho de indivíduos e organizações. O diagnóstico de competências, no entanto, envolve também inventariar as competências internas já disponíveis na organização, com o propósito de identificar o denominado *gap* ou lacuna de competências, ou seja, a discrepância entre as competências necessárias para concretizar a estratégia corporativa e as competências existentes na organização[3], conforme discutido no Capítulo 1 deste livro.

O inventário das competências existentes na organização geralmente é realizado por meio de avaliações de desempenho, o que constitui um importante macroprocesso de gestão de pessoas. O mapeamento de competências relevantes à organização possui diversas outras aplicações no campo da gestão de pessoas. Pode ser utilizado para levantar necessidades de capacitação, orientar processos de recrutamento e seleção de pessoas, subsidiar a formulação de estratégias de *endomarketing*, entre outras aplicações, o que será discutido a seguir.

[XXIII] Tradução e livre interpretação do presente autor.

3

Aplicações do Mapeamento de Competências à Gestão de Pessoas

3 Aplicações do Mapeamento de Competências à Gestão de Pessoas

A identificação das competências relevantes à consecução de objetivos organizacionais pode orientar diversos processos afetos à gestão de pessoas. Não se pretende aqui esgotar todos os possíveis usos do mapeamento de competências, mas, sim, relatar brevemente as aplicações mais frequentes e importantes.

● 3.1 Avaliação do desempenho no trabalho

Muitos autores[1; 3; 53; 88] comentam que a competência está relacionada à noção de desempenho, uma vez que a aplicação de conhecimentos, habilidades e atitudes no trabalho (elementos constitutivos da competência) resulta em um desempenho profissional, com prováveis reflexos sobre os resultados organizacionais. Assim, o desempenho de determinada pessoa representaria uma manifestação de suas competências, expressas em razão dos comportamentos que adota no trabalho e dos resultados decorrentes.[27]

O conceito de desempenho no trabalho está associado a ações empreendidas para a consecução de resultados.[69] Expressa a ideia de atuação humana voltada para o alcance de metas, passível de julgamento em termos de adequação, eficiência e eficácia.[70] O desempenho pressupõe a existência de um *executante*, que adota um comportamento ou *competência*, frente a um *contexto* ou *situação*, visando atingir *resultados*.[71]

O desempenho no trabalho, portanto, pode envolver comportamentos e resultados. Comportamentos referem-se a ações empreendidas pelo indivíduo, ou seja, àquilo que a pessoa faz em determinada situação de trabalho. Resultados, por sua vez, representam consequências do *comportamento* adotado. O comportamento de "ensinar habilidades de leitura a crianças" – expresso por uma professora do ensino fundamental –, por exemplo, pode ter como *resultado* a "proficiência de leitura dos alunos".[69]

O conceito de desempenho, então, está associado à noção de competência, visto que compreende os comportamentos utilizados pela pessoa para alcançar resultados no trabalho.[1; 9] Para ser considerado competente, o desempenho deve estar em conformidade com objetivos, metas e valores organizacionais de eficiência e eficácia.[88] Desempenho competente, portanto, é aquele que evidencia as competências desejadas no trabalho, aproximando-se de padrões estabelecidos e de critérios de excelência. [76]

Logo, o desempenho do indivíduo pode ser mensurado tanto pelas competências que este manifesta no trabalho quanto pelos resultados que advêm dessas competências, conforme discutido no Capítulo 1 deste livro. Ao manifestar, por exemplo, a competência de "*atender o cliente com receptividade e cortesia, considerando suas expectativas e características*", é provável que o profissional gere como resultado, em seu contexto de trabalho, um aumento do "*grau de satisfação dos clientes*". O desempenho dele poderia ser avaliado, então, utilizando-se como critérios a expressão da referida competência no trabalho e/ou os resultados decorrentes, como a melhoria da satisfação da clientela. Embora seja comum a utilização conjunta desses dois critérios de avaliação (competências e resultados),[9] aqui vamos nos ater à avaliação de desempenho baseada em competências, para não escaparmos ao foco deste livro.

Avaliar é sinônimo de apreciar, julgar ou estimar o valor de algo ou alguém.[111] Significa, em síntese, comparar resultados alcançados com aqueles que eram esperados.[1] A avaliação constitui processo inerente a qualquer atividade humana. Serve de base para a apreciação de uma ação, comportamento, objetivo ou resultado.[111]

No ambiente organizacional, a avaliação de desempenho tem como objeto principal o trabalho que o profissional executa e que lhe é atribuído em razão de processos, objetivos e metas organizacionais.[1] Avaliar o desempenho no trabalho, então, implica observar o comportamento do indivíduo e o trabalho realizado.[111] Implica também comparação, tanto entre o comportamento adotado e aquele que era esperado, como entre pessoas.[36; 71]

Sob uma perspectiva funcionalista, a avaliação do desempenho constitui um importante instrumento gerencial, uma ferramenta para subsidiar decisões organizacionais, em especial no que concerne à gestão de pessoas.[111] Nesse sentido, os resultados da avaliação são frequentemente utilizados para oferecer *feedback* aos profissionais, identificar necessidades de capacitação profissional, decidir quanto à concessão de promoções e recompensas, subsidiar alocações de pessoal, estabelecer objetivos e metas de trabalho, reconhecer o desempenho das pessoas, entre outros propósitos.[1; 9; 69; 72]

3 Aplicações do Mapeamento de Competências à Gestão de Pessoas

Em instrumentos de avaliação centrados em competências, os indicadores de desempenho são representados por padrões ou expectativas comportamentais, ou seja, por competências individuais relevantes para a organização, descritas sob a forma de comportamentos passíveis de observação no trabalho, conforme relatado anteriormente, no Capítulo 2 deste livro. A avaliação é realizada procurando-se determinar, por meio de observação e da utilização de escalas específicas, o quanto o comportamento expresso pelo avaliado se aproxima ou se distancia dessas expectativas ou padrões comportamentais (competências desejadas). Podem ser utilizadas escalas de frequência ou escalas tipo Likert, conforme exemplos dispostos no Quadro 3.1 a seguir:

Quadro 3.1 Exemplos de escalas utilizadas para avaliação de competências.

1. não demonstrou a competência	1. nunca demonstra a competência
2. demonstrou pouco...	2. raramente demonstra...
3. demonstrou medianamente...	3. às vezes demonstra...
4. demonstrou muito...	4. frequentemente demonstra...
5. demonstrou plenamente...	5. sempre demonstra...
1. não domina a competência	1. não atendeu ao desempenho esperado
2. domina pouco...	2. atendeu parcialmente, precisando aprimorar muito
3. domina medianamente...	3. atendeu parcialmente, precisando aprimorar pouco
4. domina muito...	4. atendeu plenamente
5. domina plenamente...	5. superou expectativas
1 – nunca expressa a competência	1. não expressa a competência
2 – raramente expressa...	2. expressa pouco...
3 – às vezes expressa...	3. expressa moderadamente...
4 – frequentemente expressa...	4. expressa muito...
5 – sempre expressa...	5. expressa plenamente...
	(ou expressa a competência de forma exemplar)

Fontes: Bruno-Faria e Brandão,[41] Carbone et al.,[3] Edwards e Ewen,[72] Magalhães e Borges-Andrade[73] e Whiddett e Hollyforde,[34] com adaptações.

Aplicações do Mapeamento de Competências à Gestão de Pessoas

Embora os exemplos dispostos no Quadro 3.1 sejam de escalas de cinco pontos, pode ser utilizado número maior de intervalos (de seis a dez). Quando o número de pontos for superior a sete, no entanto, não é conveniente atribuir âncoras ou rótulos a cada um dos pontos da escala, pois isso pode exigir maior esforço cognitivo e dificultar o julgamento do avaliador. Quando o avaliador dispõe de sete ou mais pontos para avaliação, é mais recomendável a utilização de escalas tipo Osgood, também denominadas escalas de diferencial semântico, nas quais apenas os pontos extremos são rotulados, conforme exemplos dispostos no Quadro 3.2 a seguir:

Quadro 3.2 Exemplos de escalas utilizadas para avaliação de competências.

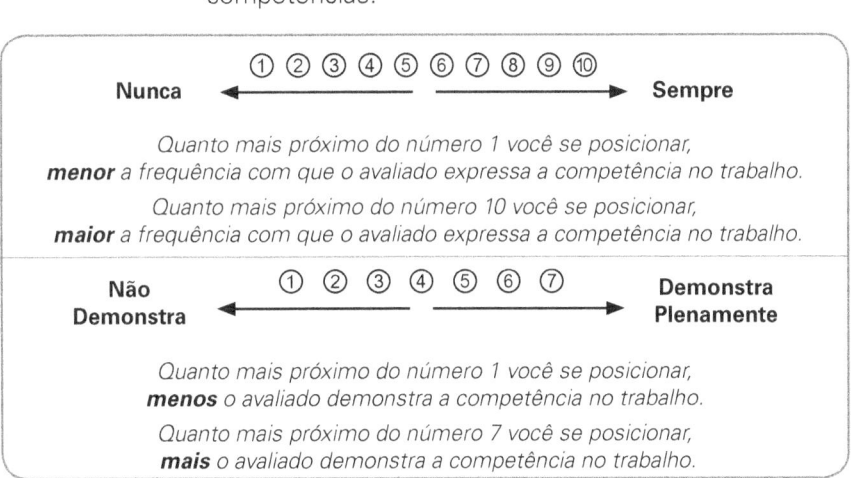

Nunca ① ② ③ ④ ⑤ ⑥ ⑦ ⑧ ⑨ ⑩ Sempre
*Quanto mais próximo do número 1 você se posicionar, **menor** a frequência com que o avaliado expressa a competência no trabalho.*
*Quanto mais próximo do número 10 você se posicionar, **maior** a frequência com que o avaliado expressa a competência no trabalho.*
Não Demonstra ① ② ③ ④ ⑤ ⑥ ⑦ Demonstra Plenamente
*Quanto mais próximo do número 1 você se posicionar, **menos** o avaliado demonstra a competência no trabalho.*
*Quanto mais próximo do número 7 você se posicionar, **mais** o avaliado demonstra a competência no trabalho.*

Vale ressaltar que, em instrumentos de avaliação de desempenho baseados em competências, não é recomendável o uso de escalas com apenas três ou quatro intervalos de avaliação, pois as respostas tendem a se concentrar nos dois intervalos superiores da escala, dificultando o *feedback* e a distinção entre pontos fortes e fracos do avaliado.[72]

Para fins de avaliação de desempenho, as competências identificadas como relevantes para o sucesso da organização são dispostas em um formulário (impresso ou informatizado) e associadas a uma escala de avaliação, como aquelas dispostas nos Quadros 3.1 e 3.2, a fim de permitir ao avaliador efetuar seus julgamentos. Exemplo de formulário de avaliação de desempenho pode ser visto no Quadro 3.3 a seguir. É bom lembrar que se trata apenas de um exemplo. Há diversos outros formatos, escalas, competências e procedimentos que podem ser utilizados para avaliar o desempenho, cabendo à organização adotar o instrumento que melhor se adeque às suas necessidades, políticas de gestão de pessoas, cultura e estratégias.

Quadro 3.3 Exemplo de formulário para avaliação de desempenho.

Este instrumento destina-se a avaliar o desempenho de _____ (nome do avaliado), com base em competências relevantes ao desempenho dele no trabalho.

Leia atentamente as competências relacionadas a seguir e, considerando o desempenho do funcionário no período entre _____ (período de avaliação), avalie em que **medida ele expressou tais competências no trabalho**.

Para avaliar cada item, utilize a seguinte escala:

Não Expressa a Competência ① ② ③ ④ ⑤ ⑥ ⑦ ⑧ ⑨ ⑩ Expressa Plenamente a Competência

*Quanto mais próximo do número **1** você se posicionar, **menos** o funcionário avaliado expressa a competência no trabalho.*

*Quanto mais próximo do número **10** você se posicionar, **mais** o funcionário avaliado expressa a competência no trabalho*

Assinale com um "X", à direita de cada item, o número que melhor representa a sua opinião sobre o quanto o funcionário avaliado manifesta a competência no trabalho.

Competências	Grau com que Expressa a Competência no Trabalho
1. Formula planos e estratégias de ação, estabelecendo objetivos, atribuições, prazos e prioridades.	① ② ③ ④ ⑤ ⑥ ⑦ ⑧ ⑨ ⑩
2. Presta consultoria ao cliente, ajudando-o na escolha do produto ou serviço que melhor atenda às suas necessidades.	① ② ③ ④ ⑤ ⑥ ⑦ ⑧ ⑨ ⑩
3. Negocia com clientes de forma transparente, buscando estabelecer acordos satisfatórios para a empresa e o cliente.	① ② ③ ④ ⑤ ⑥ ⑦ ⑧ ⑨ ⑩
4. Comunica-se com o cliente, adotando linguagem clara, objetiva e acessível.	① ② ③ ④ ⑤ ⑥ ⑦ ⑧ ⑨ ⑩

Continua...

Aplicações do Mapeamento de Competências à Gestão de Pessoas

5. Implementa ações adequadas para corrigir problemas nos processos de trabalho.	① ② ③ ④ ⑤ ⑥ ⑦ ⑧ ⑨ ⑩
6. Presta atendimento de excelência ao cliente, procurando satisfazer às suas expectativas.	① ② ③ ④ ⑤ ⑥ ⑦ ⑧ ⑨ ⑩
7. Promove a economia de recursos naturais, adotando medidas para racionalizar o uso de papel, água e energia na unidade.	① ② ③ ④ ⑤ ⑥ ⑦ ⑧ ⑨ ⑩
8. Identifica forças, fraquezas, ameaças e oportunidades na área em que atua, visando estabelecer estratégias adequadas de atuação.	① ② ③ ④ ⑤ ⑥ ⑦ ⑧ ⑨ ⑩
9. Aprimora continuamente processos de trabalho, para aproveitar melhor os recursos disponíveis (materiais, tecnológicos e humanos).	① ② ③ ④ ⑤ ⑥ ⑦ ⑧ ⑨ ⑩
10. Organiza suas atividades diárias, para realizá-las no prazo previsto.	① ② ③ ④ ⑤ ⑥ ⑦ ⑧ ⑨ ⑩

Utilize o espaço a seguir para justificar a atribuição de conceitos inferiores a 5:

_____
_____
_____
_____

A avaliação do desempenho no trabalho, portanto, serve ao propósito de identificar, de um lado, as competências em que há desempenho exemplar e, de outro, eventuais *gaps* (lacunas) de competências do profissional avaliado. Isso constitui informação importante para orientar o planejamento de ações e a realização de investimentos para promover o desenvolvimento das competências necessárias ao sucesso da organização. Em tese, as competências que obtiverem as piores avaliações representam as principais necessidades de aprimoramento do profissional.

Embora a responsabilidade pela avaliação seja muitas vezes atribuída apenas ao superior hierárquico, nas últimas décadas os instrumentos de avaliação evoluíram de modelos descendentes, por meio dos quais o superior avaliava unilateralmente seus subordinados, para mecanismos que envolvem outras fontes de informação, como a avaliação bilateral, em que se busca associar a avaliação realizada pelo superior a uma autoavaliação, procurando-se obter consenso entre elas.[1; 71]

Mais recentemente, outras fontes passaram a ser incluídas no processo de avaliação de desempenho por competências, como colegas de trabalho e até mesmo clientes, dando origem à denominada Avaliação 360 Graus. Esse modelo propõe a utilização de múltiplas fontes, ou seja, a avaliação do empregado por diversos atores envolvidos no processo produtivo (superior, subordinados, o próprio empregado, pares e clientes, entre outras possibilidades).[1; 72] Tem o pressuposto de que a avaliação realizada por diversas fontes gera informações mais ricas e estimativas mais precisas sobre as competências das pessoas, sobretudo porque os envolvidos passam a compartilhar a responsabilidade pelo processo avaliativo e eventuais vieses na percepção de um dos avaliadores se diluem nas avaliações realizadas pelos demais.[9; 74] Exemplo de um modelo de avaliação de competências por múltiplas fontes é descrito em detalhes por Brandão et al.[9] [I]

Além disso, as práticas de avaliação de desempenho evoluíram de iniciativas que envolviam somente avaliações episódicas, para processos mais sistematizados, que incluem o acompanhamento do desempenho. Esse acompanhamento permite, mediante orientação e *feedback* ao profissional, corrigir eventuais desvios no decorrer do processo produtivo, para assegurar que a execução do trabalho corresponda ao que foi planejado, dentro de um processo contínuo, que envolve atividades de planejamento, acompanhamento e a avaliação propriamente dita.[1; 36; 69]

Como visto, os resultados de avaliações de desempenho podem servir também à finalidade de diagnosticar e estabelecer prioridades de capacitação – que em geral recaem sobre as competências em que o empregado foi mal avaliado. Existem, no entanto, instrumentos construídos especificamente para levantar necessidades de capacitação, conforme discutido a seguir.

[I] Este artigo foi publicado pela *Revista de Administração Pública – RAP* (v. 42, nº 5) e encontra-se integralmente disponível para consulta e *download* na *Scientific Electronic Library Online – SciELO* Brazil, pelo *site* <www.scielo.br>.

Aplicações do Mapeamento de Competências à Gestão de Pessoas

3.2 Diagnóstico de necessidades de capacitação

A competência no trabalho é desenvolvida por meio de processos de aprendizagem.[19; 28] Estes podem ser: *naturais* (também denominados implícitos ou incidentais), quando ocorrem casualmente, em situações cotidianas, sem que haja o propósito deliberado de aprender e muitas vezes sem a consciência de que se aprende; ou *induzidos* (também denominados explícitos), quando são decorrentes de intervenções sociais, de ações deliberadas e conscientes, intencionalmente realizadas para promover a aquisição de conhecimentos, habilidades e atitudes.[20; 75]

Induzir a aprendizagem de seus empregados, ou seja, o desenvolvimento de competências, constitui um importante desafio para as organizações, sobretudo porque a complexidade do ambiente faz surgir diversificadas demandas, aumentando a distância entre o que as pessoas sabem e o que elas precisam aprender.[23; 75] Em decorrência, as organizações estão premidas a sistematizar ações de capacitação profissional,II como cursos, palestras, seminários e outros, a fim de promover o desenvolvimento das competências necessárias ao seu êxito.[20]

Necessidades de capacitação, portanto, estão relacionadas à carência de competências que se pressupõe que sejam relevantes a determinado contexto organizacional. Podem ser definidas como lacunas de competências (ou de seus elementos constitutivos: conhecimentos, habilidades e atitudes) necessárias ao bom desempenho no trabalho.[76] O diagnóstico de necessidades de capacitação gera informações sobre a eventual existência dessas lacunas, visando facilitar o planejamento de ações para promover o desenvolvimento de competências.

O diagnóstico pode ser feito por meio de *análise organizacional*, que enfatiza o estudo da organização por completo, seus objetivos e estratégias, examinando indicadores de eficiência e de eficácia para determinar se há carências de competências necessárias à consecução de objetivos organizacionais. Essa análise pode ser subsidiada por questões como, por exemplo: Que competências são fundamentais para a consecução dos

---

II Embora neste tópico tais ações sejam genericamente denominadas *capacitação*, as organizações podem promover a aprendizagem por meio de ampla variedade de atividades, que podem ser estruturadas em diferentes formatos e compreendem processos de treinamento, desenvolvimento e educação. Para se aprofundar no tema, consulte Menezes, Zerbini e Abbad,[84] Abbad e Borges-Andrade[88] e Vargas e Abbad.[102]

objetivos organizacionais? Para que a organização consiga concretizar sua estratégia, seus empregados devem ser capazes de quê?[3]

Alternativa mais comum é realizar uma *análise de atividades ou papéis ocupacionais*, que examina as atividades requeridas dos empregados no trabalho e as condições sob as quais elas são realizadas, visando identificar se as pessoas dispõem das competências relevantes ao desempenho eficaz. Um instrumento proposto por Borges-Andrade e Lima[77] permite realizar essa análise e estabelecer prioridades de capacitação, ponderando a relação entre a carência de determinadas competências (por parte do empregado) e a importância dessas competências para o papel ocupacional exercido pela pessoa. Para tanto, as competências supostamente relevantes ao trabalho dos empregados devem ser dispostas em um questionário estruturado (impresso ou em meio eletrônico), o qual orienta o respondente a, em razão de seu papel ocupacional: (a) atribuir um grau de importância a cada competência; e (b) indicar em que medida ele domina ou expressa essas competências em seu trabalho. Para resposta, podem ser utilizadas, por exemplo, as escalas dispostas no Quadro 3.4 a seguir:

Quadro 3.4 Exemplos de escalas utilizadas para diagnóstico de necessidades de capacitação.

Escala 1: Grau de Importância da Competência (I)				
1	2	3	4	5
Nada Importante	Pouco Importante	Medianamente Importante	Muito Importante	Extremamente Importante

Escala 2: Grau de Domínio ou Expressão da Competência no Trabalho (D)[III]				
1	2	3	4	5
Não Expressa a Competência no Trabalho	Expressa Pouco a Competência no Trabalho	Expressa Medianamente a Competência no Trabalho	Expressa Muito a Competência no Trabalho	Expressa Plenamente a Competência no Trabalho

---

[III] Outra alternativa para esta escala seria substituir o termo *expressão* pala palavra *domínio*, de tal forma que os pontos da escala fossem assim representados: 1 = não domina a competência, 2 = domina pouca a competência, 3 = domina medianamente a competência, 4 = domina muito a competência e 5 = domina plenamente a competência, conforme sugerido por Bruno-Faria e Brandão[41] e Borges-Andrade e Lima.[77]

Aplicações do Mapeamento de Competências à Gestão de Pessoas

Assim, ao avaliar a importância de cada competência para o exercício de determinado papel ocupacional, quanto mais próximo do número *5* o respondente assinalar, maior o grau de importância por ele atribuído à competência; e, quanto mais próximo do número *1*, menor a importância da competência. Da mesma forma, ao avaliar o quanto o profissional expressa possuir cada competência – analisando o comportamento que este manifesta no trabalho –, quanto mais próximo do número *5* o respondente assinalar, maior o grau com que a pessoa domina ou expressa a competência; e, quanto mais próximo do número *1*, menor a expressão da competência no trabalho.[78]

Tais dados podem ser coletados por meio de autoavaliação, em que o próprio empregado avaliado atribui graus de importância e de domínio para cada competência disposta no questionário, ou de heteroavaliação, em que outrem (o superior imediato ou colegas de trabalho, por exemplo) estabelece a importância das competências para o desempenho do empregado e o grau com que este as domina ou manifesta no trabalho. Há, ainda, a possibilidade de adotar modelos híbridos, em que os dados são coletados por meio de auto e de heteroavaliação, sendo extraídas médias aritméticas dos graus de importância e de domínio atribuídos por cada fonte consultada (o empregado e seu superior hierárquico, por exemplo). A utilização conjunta da auto e da heteroavaliação geralmente torna o diagnóstico mais rico e preciso, visto que se leva em consideração a percepção de diferentes sujeitos.[78]

Depois de aplicados os questionários, é possível então identificar as necessidades e estabelecer prioridades de capacitação, utilizando a seguinte equação:

$$N = I\,(\,5 - D\,)$$

Onde "N" representa o grau de prioridade ou necessidade da aprendizagem (indicando a lacuna ou *gap* de cada competência disposta no questionário); "I" representa o grau de importância atribuído à determinada competência; e "D", o grau com que o empregado domina ou expressa possuir essa competência.[3; 41; 77]

A ponderação entre os graus de importância e de domínio atribuídos a cada uma das competências avaliadas, com a utilização da referida equação, gera valores para o "N" (grau de prioridade ou necessidade de capacitação, que indica a lacuna ou *gap* de cada competência) que podem variar de 0 a 20. Resultados de "N" iguais ou inferiores a 5 em determinada competência sugerem pouca ou nenhuma necessidade de capacitação, seja porque a competência avaliada foi considerada nada importante pelo respondente (grau 1 de importância), seja porque este manifesta plenamente a competência no trabalho (grau 5 de domínio da competência). Um "N" igual ou superior a 12, de outro lado, sugere ser grande a necessidade de capacitação do empregado naquela competência.

Vejamos o seguinte exemplo. Suponha que o gestor de uma equipe de trabalho tivesse utilizado o questionário disposto no Quadro 3.5 para diagnosticar, por meio de heteroavaliação, as prioridades de capacitação dos cinco integrantes de sua equipe.

Quadro 3.5 Exemplo de formulário para diagnóstico de necessidades de capacitação.

Este questionário objetiva diagnosticar necessidades e prioridades de capacitação dos funcionários da _____ (nome da organização, unidade ou equipe, conforme o caso). Gentileza responder um questionário para cada integrante de sua equipe, analisando cuidadosamente cada item.

Os resultados deste diagnóstico deverão orientar a realização de ações de capacitação, auxiliando a empresa a aprimorar o processo de desenvolvimento profissional. Sua participação é muito importante.

INSTRUÇÕES PARA PREENCHIMENTO

A seguir há uma lista de competências profissionais. Por favor assinale um número de 1 a 5, na escala à direita de cada item, a fim de indicar o quão importante você considera a competência para o desempenho do funcionário avaliado (integrante de sua equipe). Em seguida, também à direita de cada item, assinale outro número de 1 a 5 para indicar em que medida você julga que esse funcionário domina ou expressa essa competência.

Utilize as seguintes escalas:

Importância da Competência (I)				
1	2	3	4	5
Nada Importante	Pouco Importante	Medianamente Importante	Muito Importante	Extremamente Importante

*Quanto mais próximo do número **1** você se posicionar, **menor** o grau de importância da competência para as funções desempenhadas pelo funcionário.*

*Quanto mais próximo do número **5** você se posicionar, **maior** o grau de importância da competência para as funções desempenhadas pelo funcionário.*

Continua...

Aplicações do Mapeamento de Competências à Gestão de Pessoas

Grau de Domínio da Competência no Trabalho (D)				
1	2	3	4	5
Não Domina a Competência	Domina Pouco a Competência	Domina Medianamente a Competência	Domina Muito a Competência	Domina Plenamente a Competência

*Quanto mais próximo do número **1** você se posicionar, **menos** o funcionário demonstra dominar ou expressar a competência no trabalho.*

*Quanto mais próximo do número **5** você se posicionar, **mais** o funcionário demonstra dominar ou expressar a competência no trabalho.*

Competências Individuais	Graus de Importância e de Domínio das Competências
1. Organiza adequadamente suas atividades diárias, para realizá-las no prazo previsto.	Importância ① ② ③ ④ ⑤ Domínio da Competência ① ② ③ ④ ⑤
2. Atende o cliente com presteza e cordialidade, procurando satisfazer as expectativas dele.	Importância ① ② ③ ④ ⑤ Domínio da Competência ① ② ③ ④ ⑤
3. Formula adequadamente planilhas de cálculo, utilizando o aplicativo Excel®.	Importância ① ② ③ ④ ⑤ Domínio da Competência ① ② ③ ④ ⑤
4. Redige relatórios com clareza e objetividade, utilizando corretamente as regras gramaticais.	Importância ① ② ③ ④ ⑤ Domínio da Competência ① ② ③ ④ ⑤
5. Presta consultoria ao cliente, ajudando-o na escolha do produto ou serviço que melhor atenda às suas necessidades.	Importância ① ② ③ ④ ⑤ Domínio da Competência ① ② ③ ④ ⑤
6. ...	Importância ① ② ③ ④ ⑤ Domínio da Competência ① ② ③ ④ ⑤
7. ...	Importância ① ② ③ ④ ⑤ Domínio da Competência ① ② ③ ④ ⑤
8. ...	Importância ① ② ③ ④ ⑤ Domínio da Competência ① ② ③ ④ ⑤
9. ...	Importância ① ② ③ ④ ⑤ Domínio da Competência ① ② ③ ④ ⑤

Continua...

3 Aplicações do Mapeamento de Competências à Gestão de Pessoas

Competências Individuais	Graus de Importância e de Domínio das Competências
10. ...	**Importância** ① ② ③ ④ ⑤ **Domínio da Competência** ① ② ③ ④ ⑤
DADOS DO FUNCIONÁRIO AVALIADO: Nome: _____ Matrícula Funcional: _____ Unidade ou Equipe em que Trabalha: _____	

Imagine que, ao responder esse questionário (Quadro 3.5), o gestor tivesse atribuído, para cada integrante de sua equipe (Gabriela, Rafael, Fernando, Helena e Victor, por hipótese), os graus de importância (I) e de domínio (D) dispostos na Tabela 3.1, para a competência "*Presta consultoria ao cliente, ajudando-o na escolha do produto ou serviço que melhor atenda às suas necessidades*". Seria possível, então, calcular a necessidade (N) de capacitar cada empregado nessa competência, chegando aos resultados expostos a seguir.

Tabela 3.1 Necessidade de capacitação na competência "Prestar consultoria ao cliente, ajudando-o na escolha do produto ou serviço que melhor atenda às suas necessidades" (exemplo hipotético).

Integrantes da Equipe	Grau de Importância da Competência (I)	Grau de Domínio da Competência (D)	Grau de Necessidade da Capacitação (N) $N = I(5 - D)$
Gabriela	2	3	4
Rafael	5	2	15
Fernando	3	3	6
Helena	3	1	12
Victor	2	5	0

Nota: graus de importância (I) e de domínio (D) hipoteticamente atribuídos.

Perceba que, pelos valores dispostos na Tabela 3.1, os funcionários Rafael e Helena possuem maior necessidade (N) de capacitar-se a

"Prestar consultoria ao cliente, ajudando-o na escolha do produto ou serviço que melhor atenda às suas necessidades". Estes, pelo menos em tese, deveriam ter prioridade para participar de uma ação de capacitação que tivesse o propósito de promover o desenvolvimento dessa competência, pois os demais integrantes da equipe possuem pouca ou nenhuma necessidade (N) de desenvolvê-la. Os resultados permitiriam, ao gestor, orientar mais fácil e precisamente a capacitação de cada membro de sua equipe.

Vejamos outro exemplo. Suponha que, nessa mesma avaliação, o gestor tivesse atribuído ao funcionário Rafael, para cada competência disposta no questionário, os graus de importância (I) e de domínio (D) expostos na Tabela 3.2 a seguir. Seria possível, então, calcular a necessidade (N) de o Rafael se capacitar em cada uma dessas competências.

Tabela 3.2 Necessidades de capacitação do funcionário Rafael (exemplo hipotético).

Competências	Grau de Importância da Competência (I)	Grau de Domínio da Competência (D)	Grau de Necessidade da Capacitação (N) $N = I(5-D)$
1. Organiza adequadamente suas atividades diárias, para realizá-las no prazo previsto.	4	3	8
2. Atende o cliente com presteza e cordialidade, procurando satisfazer as expectativas dele.	5	5	0
3. Formula adequadamente planilhas de cálculo, utilizando o aplicativo Excel®.	5	1	20
4. Redige relatórios com clareza e objetividade, utilizando corretamente as regras gramaticais.	2	4	2
5. Presta consultoria ao cliente, ajudando-o na escolha do produto ou serviço que melhor atenda às suas necessidades.	5	2	15

Nota: graus de importância (I) e de domínio (D) hipoteticamente atribuídos.

Vê-se, na Tabela 3.2, que as maiores necessidades (N) de capacitação do Rafael recaíram sobre as competências de "*Formular adequadamente planilhas de cálculo, utilizando o aplicativo Excel®*" (N = 20) e de "*Prestar consultoria ao cliente, ajudando-o na escolha do produto ou serviço que melhor atenda às suas necessidades*" (N = 15). Pelo menos em tese, o gestor deveria promover ações de capacitação que permitissem ao Rafael desenvolver prioritariamente tais competências. E assim por diante, em relação aos demais integrantes da equipe, o que permitiria ao gestor direcionar melhor os investimentos e ações para capacitação de sua equipe. Esse instrumento pode ajudar, ainda, na escolha de empregados para participar de eventuais treinamentos disponíveis, auxiliando o gestor a evitar indicações casuísticas e descontextualizadas das necessidades de capacitação dos integrantes de sua equipe.

Note também que os exemplos apresentados nas Tabelas 3.1 e 3.2 basearam-se apenas em uma heteroavaliação, hipoteticamente realizada pelo gestor da equipe. Seria possível realizar também uma autoavaliação ou mesmo utilizar outras fontes de avaliação (como colegas de trabalho, por exemplo), o que permitiria comparar a percepção dos diversos avaliadores ou mesmo extrair a média aritmética dos graus de importância e de domínio atribuídos por eles às competências, tornando o diagnóstico mais rico e participativo.

Percebeu como essa ferramenta pode ser útil? Se desejar conhecer outros exemplos, consulte os estudos realizados por Bruno-Faria e Brandão,[41] IV Castro e Borges-Andrade,[79] Isidro-Filho,[80] e Magalhães e Borges-Andrade,[73] V os quais mostram a aplicação desse instrumento de diagnóstico em diferentes contextos e organizações.

Outra ferramenta que pode auxiliar o diagnóstico de necessidades de capacitação é a denominada Matriz GUT (Gravidade, Urgência, Tendência). Originalmente criado para definição de objetivos estratégicos para a organização, esse instrumento também serve ao propósito de identificar prioridades de capacitação.[81] Permite analisar e estabelecer prioridades de capacitação, ponderando a relação entre três elementos: (a) a **gravidade**, que se refere ao nível de dano ou prejuízo que pode ser causado à organização caso a competência

---

IV Este artigo foi publicado pela *Revista de Administração Contemporânea – RAC* (v. 7, nº 3) e encontra-se integralmente disponível para consulta e *download* na *Scientific Electronic Library Online – SciELO Brazil*, pelo *site* <www.scielo.br>.

V Este artigo foi publicado pela revista *Estudos de Psicologia* (Natal) (v. 6, nº 1) e encontra-se integralmente disponível para consulta e *download* na *Scientific Electronic Library Online – SciELO Brazil*, pelo *site* <www.scielo.br>.

Aplicações do Mapeamento de Competências à Gestão de Pessoas

não seja desenvolvida; (b) a **urgência**, que diz respeito ao tempo que se dispõe para desenvolver a competência; e (c) a **tendência**, que está relacionada ao estado em que a situação se apresentará, caso a organização opte por não investir no desenvolvimento da competência.[81] Estes três aspectos podem ser avaliados utilizando-se as escalas dispostas no Quadro 3.6 a seguir:

Quadro 3.6 Escalas utilizadas na Matriz GUT para diagnóstico de necessidades de capacitação.

	Caso a competência não seja desenvolvida, qual é o dano ou prejuízo potencial para a organização?	Escala de Avaliação
Gravidade	Dano insignificante	1
	Dano pouco importante	2
	Dano medianamente importante	3
	Dano muito importante	4
	Dano extremamente importante	5
	Quanto tempo se dispõe para desenvolver a competência?	**Escala de Avaliação**
Urgência	Bastante tempo (não há urgência)	1
	Muito tempo (pouca urgência)	2
	Algum tempo (moderada urgência)	3
	Pouco tempo (muita urgência)	4
	Pouquíssimo tempo (extrema urgência)	5
	Como se apresentará a situação no futuro, caso a competência não seja desenvolvida?	**Escala de Avaliação**
Tendência	A situação tende a melhorar muito	1
	A situação tende a melhorar pouco	2
	A situação tende a permanecer a mesma	3
	A situação tende a piorar pouco	4
	A situação tende a piorar muito	5

Fontes: Oliveira[82] e Pacheco et al.,[81] com adaptações.

Vale esclarecer que a escala utilizada para avaliar a tendência, exposta no Quadro 3.6, parece contraditória, mas não o é. Você deve ter se perguntado: como a situação da organização "poderia melhorar muito" mesmo que a competência não fosse desenvolvida? Isso pode de fato ocorrer porque, como visto no Capítulo 1 deste livro, as competências podem tornar-se obsoletas, desnecessárias ao longo do tempo, em razão de transformações (tecnológicas, econômicas, sociais etc.) ocorridas no ambiente. Se a organização introduz uma nova tecnologia em um processo produtivo, por exemplo, é possível que isso diminua a importância relativa de determinadas competências, as quais anteriormente eram muito requeridas. Nesse caso, a situação da organização poderia melhorar ainda que tais competências não tenham sido desenvolvidas.

Feita a avaliação da gravidade (G), urgência (U) e tendência (T) em relação a cada competência, é possível então estabelecer prioridades de capacitação por uma ponderação entre as respostas atribuídas a cada um desses aspectos. Vejamos um exemplo. Suponha que, nessa avaliação, o gestor tivesse atribuído, para cada competência disposta no formulário, os graus de gravidade, urgência e tendência dispostos na Tabela 3.3 a seguir. Seria possível, assim, calcular a necessidade (N) de desenvolver cada competência:

Tabela 3.3 Necessidade de desenvolvimento de competências com base na Matriz GUT (exemplo hipotético).

Competências	Gravidade (G)	Urgência (U)	Tendência (T)	Grau de Necessidade da Capacitação (N) $N = G \times U \times T$
1. Organiza adequadamente suas atividades diárias, para realizá-las no prazo previsto.	4	2	3	24
2. Atende o cliente com presteza e cordialidade, procurando satisfazer as expectativas dele.	3	3	4	36
3. Formula adequadamente planilhas de cálculo, utilizando o aplicativo Excel®.	3	2	2	12
4. Redige relatórios com clareza e objetividade, utilizando corretamente as regras gramaticais.	2	3	3	18
5. Presta consultoria ao cliente, ajudando-o na escolha do produto ou serviço que melhor atenda às suas necessidades.	4	5	4	80

Nota: graus de gravidade (G), urgência (U) e tendência (T) hipoteticamente atribuídos.

Vê-se, na Tabela 3.3, que as maiores necessidades (N) de capacitação recaíram sobre as competências de "*Prestar consultoria ao cliente, ajudando-o na escolha do produto ou serviço que melhor atenda às suas necessidades*" (N = 80) e de "*Atender o cliente com presteza e cordialidade, procurando satisfazer as expectativas dele*" (N = 36). Pelo menos em tese, a organização deveria promover, prioritariamente, o desenvolvimento de tais competências.

Como visto, o mapeamento de competências pode ser aplicado ao propósito de diagnosticar e estabelecer prioridades de capacitação. Esse diagnóstico, por sua vez, orienta o processo de planejamento educacional, com base nas competências necessárias ao sucesso da organização, o que se discute a seguir.

3.3 Planejamento educacional

Como discutido anteriormente, as organizações, ao diagnosticarem necessidades de desenvolvimento de competências, podem estruturar e implementar ações de capacitação profissional, sob a forma de cursos, palestras, estágios etc., para promover a aprendizagem de seus empregados.[37] Seja qual for o evento de capacitação, sua adoção pressupõe um planejamento, no qual são estabelecidos objetivos educacionais, conteúdos de ensino, sequência de apresentação, estratégias e meios didáticos, critérios e instrumentos de avaliação, entre outros elementos que tradicionalmente compõem a macrodidática de um treinamento.[83]

Esse processo se inicia pela definição dos objetivos educacionais, os quais são descritos sob a forma de competências individuais que se pretende desenvolver com a capacitação,[84] observando-se o mesmo formato (verbo, objeto da ação, critérios e condições) recomendado no tópico 2.1 deste livro. Ou seja, as competências cujo desenvolvimento foi diagnosticado como necessário, como aquelas exemplificadas na Tabela 3.3, passam a compor os objetivos educacionais do evento de capacitação a ser planejado. Em geral, a descrição dos objetivos educacionais se inicia pela seguinte sentença: "*Ao final do curso [palestra, seminário, aula ou estágio, dependendo do caso], os participantes deverão ser capazes de:*". Em seguida, são relacionadas as competências que se espera sejam desenvolvidas pelos participantes em razão de sua participação no curso.

Vejamos um exemplo. A Tabela 3.3 estabelece a prioridade hipotética de desenvolvimento de cinco competências individuais.

A competência considerada mais prioritária poderia dar origem a um objetivo educacional, que seria assim descrito:

Ao final do curso, os participantes deverão ser capazes de:

Prestar consultoria ao cliente, ajudando-o na escolha do produto ou serviço que melhor atenda às suas necessidades.

Logo, o treinamento a ser planejado deve servir ao propósito de promover o desenvolvimento dessa competência.

Em razão de sua amplitude, os objetivos educacionais podem ser classificados como gerais e específicos. Objetivo geral – também denominado objetivo final – diz respeito à competência que se espera que os participantes expressem ao final do curso, enquanto objetivos específicos referem-se às competências esperadas dos participantes ao final de cada etapa ou módulo do treinamento.[84]

Voltemos ao exemplo anterior. Supondo que o objetivo geral do curso fosse "*Prestar consultoria ao cliente, ajudando-o na escolha do produto ou serviço que melhor atenda às suas necessidades*", seria possível definir assim os objetivos específicos desse treinamento:

Ao final do curso, os participantes deverão ser capazes de:
1. *analisar os dados cadastrais do cliente, a fim de verificar seu perfil de renda e consumo;*
2. *dialogar com o cliente, adotando linguagem clara, objetiva e acessível, visando identificar suas necessidades e expectativas;*
3. *identificar no portfólio da empresa os produtos e serviços que melhor atendem às necessidades do cliente;*
4. *expor ao cliente, de forma transparente, as características de produtos e serviços, demonstrando como estes podem atender às suas necessidades; e*
5. *esclarecer eventuais dúvidas apresentadas pelo cliente, com clareza e cordialidade.*

Estes então seriam objetivos específicos a serem alcançados ao final de cada uma das cinco etapas ou módulos hipotéticos desse treinamento. Cada etapa do curso teria o propósito de promover o desenvolvimento de uma dessas competências, as quais, uma vez desenvolvidas, permitiram em conjunto a consecução do objetivo geral do treinamento.

Uma vez estabelecidos os objetivos geral e específicos, é possível então definir os conteúdos a serem ensinados, ou seja, os temas (conhecimentos, habilidades e atitudes) relacionados a esses objetivos. Vejamos um exemplo. Para manifestar no trabalho a competência de "*Expor ao cliente, de forma transparente, as características de produtos e serviços, demonstrando como estes podem atender às suas necessidades*", um dos objetivos específicos definidos anteriormente, é provável que o profissional necessite, entre outros, de: **conhecimentos** sobre os produtos e serviços da empresa e sobre as necessidades da clientela; **habilidades** de análise de expectativas do cliente, comunicação e argumentação; e **atitudes** favoráveis ao respeito de princípios éticos (para atuar de forma íntegra, transparente). Logo, esses elementos (conhecimentos, habilidades e atitudes) poderiam ser definidos como conteúdos de ensino necessários para desenvolver a referida competência. Essa mesma definição de temas deve ser feita em relação aos demais objetivos específicos do treinamento.

O planejamento educacional[VI] envolve ainda o estabelecimento de requisitos e da sequência de apresentação dos conteúdos, além da escolha de estratégias e meios didáticos para ensino do conteúdo estabelecido. *Requisitos* referem-se a conhecimentos, habilidades ou experiências prévias, que os participantes necessitam possuir antes de sua participação no treinamento. Constituem condições necessárias para que os treinandos possam apreender adequadamente os conteúdos (novos conhecimentos, habilidades e atitudes) que compõem o curso. Um treinamento pode ter como requisito, por exemplo, que o participante conclua um módulo anterior ou, ainda, que tenha experiência comprovada em determina atividade profissional, conforme a necessidade. A *sequência* com que os conteúdos devem ser ministrados aos treinandos (sequência de apresentação), por sua vez, pode ser definida, por exemplo, em razão da interdependência entre tais conteúdos e/ou de sua complexidade, iniciando-se geralmente pelos conteúdos menos complexos.

Finalmente, na escolha de *estratégias e meios didáticos* para ensino do conteúdo estabelecido, é importante reconhecer que o planejamento deve se adequar ao tipo de aprendizagem desejada e às características e necessidades do aprendiz, pois nem todas as estratégias e atividades de ensino são igualmente eficientes para promover o

---

[VI] Não se pretende aqui detalhar ou exemplificar cada etapa do planejamento educacional, porque isso extrapolaria muito os objetivos deste livro. Nesta seção, buscou-se tão somente relatar como o mapeamento de competências relevantes à organização pode ser aplicado para orientar o planejamento de ações de capacitação, em especial a definição de objetivos educacionais. Para se aprofundar em questões relacionadas ao planejamento educacional, veja Menezes et al.,[84] Borges-Andrade et al.,[83] Abbad e Borges-Andrade[88] e Kenski.[112]

desenvolvimento de competências.[20] Sobre isso, Pozo[75] destaca que não há estratégias ou recursos didáticos necessariamente bons ou ruins, mas, sim, adequados ou inadequados aos objetivos educacionais e aos processos para consecução desses objetivos.

Para promover o desenvolvimento de competências, podem ser adotadas inúmeras estratégias educacionais, sendo recomendável privilegiar aquelas que favoreçam a ampliação de experiências de aprendizagem, a participação, a motivação e o interesse dos participantes.[112] Entre as mais comuns, é possível mencionar:[84; 113]

a) Exposição oral, dialogada ou não, com ou sem o apoio de recursos audiovisuais (projetor multimídia para apresentação de *slides*, por exemplo);
b) Painel de discussão (divisão dos participantes em grupos de 3 a 6 integrantes cada, para discussão de um tópico entre si, e posterior apresentação e discussão plenária com os demais grupos);
c) Debate (discussão estruturada entre dois grupos que defendem visões distintas ou argumentos opostos sobre um mesmo tópico);
d) Demonstração (apresentação estruturada e prática sobre como executar uma ação ou procedimento);
e) Simulação (reprodução, representação ou ensaio de um processo, ação ou comportamento, visando preparar os participantes para situações reais);
f) Estudo de caso (problema que reproduz circunstâncias, questionamentos e incertezas de um contexto empresarial, visando estimular a análise crítica e a tomada de decisões);
g) Atividade colaborativa *online* (uso de mídias sociais para compartilhamento de ideias ou experiências, construção coletiva do conhecimento, busca de soluções conjuntas para desafios ou problemas, e realização de discussões moderadas ou não por especialistas no tema);
h) Visita técnica (passeio planejado no qual os participantes visitam um local ou objeto de interesse para observá-lo ou estudá-lo); e
i) Jogo empresarial (simulação de um ambiente competitivo, com incertezas inerentes a um processo ou à gestão de um negócio, em que os participantes seguem regras prescritas para vencer desafios).

Aplicações do Mapeamento de Competências à Gestão de Pessoas

Definidos esses elementos do planejamento educacional, eles podem ser dispostos em um quadro resumo, conforme exemplificado a seguir:

Quadro 3.7 Exemplo de planejamento educacional.

Objetivo específico (competência a ser desenvolvida)	Conteúdos e sequência de apresentação	Requisitos	Estratégias e recursos de ensino-aprendizagem	Carga-horária estimada
Ao final do módulo, os participantes deverão ser capazes de: "Expor ao cliente, de forma transparente, as características de produtos e serviços da empresa, demonstrando como estes podem atender às necessidades da clientela"	Conhecimentos: • Características dos produtos e serviços da empresa • Expectativas e necessidades da clientela • Argumentos de venda (vantagens e benefícios)	Possuir conhecimentos gerais sobre os negócios e o mercado de atuação da empresa, comprovados pela participação prévia no curso "Introdução aos Negócios"	• Exposição dialogada sobre o portfólio de produtos e serviços da empresa, com apoio de *slides* e projetor multimídia	60 min
			• Painel de discussão sobre perfis da clientela e argumentos de vendas adequados a cada perfil	90 min
	Habilidades: • Interpretação e análise de expectativas do cliente • Comunicação • Argumentação		• Exposição dialogada sobre comunicação com o cliente e análise de expectativas, com apoio de vídeos apresentando situações de interação com clientes	60 min
			• Simulação de situações de atendimento ao cliente, para exercitar a comunicação e o uso de argumentos de vendas	90 min
	Atitudes: • Respeito a princípios éticos • Atuação de forma íntegra e transparente		• Estudo de caso, com a descrição de um contexto empresarial e a colocação dos participantes frente a questionamentos, dilemas éticos e suas consequências	120 min

107

Como visto aqui, o mapeamento de competências pode ser aplicado ao diagnóstico de necessidades de aprendizagem e ao consequente planejamento de ações de capacitação aderentes às necessidades organizacionais de competências. Depois de planejado e executado o treinamento, as competências que constituem seus objetivos educacionais podem ser utilizadas ainda para avaliar os resultados[VII] da ação de capacitação. É possível mensurar tais resultados em termos de *impacto do treinamento*, ou seja, das contribuições do curso para melhoria do desempenho dos profissionais capacitados.

Esta seção enfatizou a utilização do mapeamento de competências para orientar o planejamento de ações formais de capacitação, mas é importante lembrar que a aprendizagem pode ocorrer por diversos mecanismos, sendo a realização de treinamentos apenas uma entre as várias estratégias existentes para promover o desenvolvimento de competências.[28] Os sistemas de capacitação não precisam – nem devem – restringir-se à realização de cursos, palestras e outros eventos formalmente estruturados. Podem abranger a leitura de livros e revistas, a orientação profissional, a assistência a filmes e vídeos, a navegação na Internet e a realização de estágios, entre outras possibilidades, conforme discutido a seguir.

● 3.4 Trilhas de aprendizagem

Durante muitos anos, a capacitação profissional nas organizações esteve associada fundamentalmente à realização de ações convencionais de treinamento, em geral restritas a cursos presenciais, não raras vezes episódicos e distanciados do contexto organizacional.[23]

[VII] A avaliação de resultados de ações de capacitação pode ocorrer em quatro níveis: (a) *reação*, que busca mensurar a receptividade e a satisfação dos treinandos em relação ao treinamento e/ou ao desempenho do instrutor ou tutor; (b) *aprendizagem*, que verifica o alcance dos objetivos educacionais, em termos de aquisição de conhecimentos, habilidades e atitudes; (c) *impacto no trabalho*, que avalia a melhoria do desempenho no trabalho como resultante da aplicação das competências desenvolvidas; e (d) *impacto na organização*, que se refere às contribuições da aprendizagem para mudanças organizacionais, em termos de melhoria na eficiência ou na eficácia da organização.[20] Para aprofundar-se em critérios, medidas e procedimentos para avaliar resultados de ações educacionais, consulte Menezes et al,[84] Borges-Andrade et al.[83] e Abbad et al.[114]

Aplicações do Mapeamento de Competências à Gestão de Pessoas

As possibilidades de desenvolvimento sustentável da organização, no entanto, requerem o alinhamento das ações de capacitação às competências necessárias à consecução dos objetivos organizacionais.[20]

Na busca pela concepção de estratégias de capacitação que considerem o indivíduo como parte de um contexto social mais amplo e que levem em conta as necessidades, características, preferências e aspirações profissionais da pessoa, surgiu a noção de trilhas de aprendizagem, como uma alternativa aos programas convencionais de treinamento.[85]

Essa concepção assume pressupostos de abordagens denominadas "rotas de aprendizagem para navegação profissional"[28] e "aprendizagem baseada em competências",[19] que propõem a vinculação das competências desejadas pela organização com ações de aprendizagem que permitem o desenvolvimento dessas competências. E tais ações não ficam restritas a cursos formais presenciais. Podem abranger livros, revistas, publicações, cursos autoinstrucionais, vídeos e filmes, *sites* na Internet, estágios e sessões de orientação profissional (*coaching* e *mentoring*), atividades colaborativas (*social learning*) e simulações em óculos de realidade virtual, entre outros, cabendo ao profissional, sob orientação da empresa, escolher as ações mais apropriadas às suas necessidades, gostos e preferências.[20] A escolha da ação de aprendizagem mais adequada para si promove não apenas uma maior identificação da pessoa com o trabalho que realiza, mas também a busca por harmonia entre os interesses pessoais e organizacionais.[23]

Trilhas de aprendizagem podem ser definidas como "*caminhos alternativos e flexíveis para o aprimoramento pessoal e profissional*".[85, p. 2] Quando a pessoa estabelece um caminho, um curso de ação a ser seguido para o seu crescimento pessoal e profissional, está, na prática, construindo uma trilha. A noção de trilhas de aprendizagem parte do pressuposto de que cada profissional pode conceber sua trilha a partir de suas conveniências, necessidades, ponto de partida e ponto a que deseja chegar, integrando em seu planejamento de carreira as expectativas da organização, o desempenho esperado, suas aspirações, as competências que já possui e aquelas que necessita desenvolver. Levando em consideração essas variáveis, a pessoa elege, dentre as oportunidades educacionais disponíveis, aquelas mais adequadas para si.[20; 85]

Um sistema de capacitação baseado no conceito de trilhas de aprendizagem, portanto, procura conciliar as necessidades de competências da organização com as aspirações de seus integrantes, cada qual assumindo parcela de responsabilidade sobre o processo de desenvolvimento profissional.[23] Cabe à organização oferecer um direcionamento, criar um ambiente facilitador da aprendizagem, disponibilizar soluções educacionais e orientar a utilização delas, respeitando ritmos, preferências e limitações das pessoas. Ao empregado, por sua vez, cabe manifestar interesse, inteirar-se das necessidades e das oportunidades de aprendizagem disponíveis, identificar aquelas mais apropriadas às suas necessidades e buscar o apoio necessário para traçar seu caminho. Dessa forma, para que cada profissional possa construir sua trilha de aprendizagem, é necessário que a organização crie um mapa de oportunidades de capacitação, que possam ser adaptadas a diferentes situações e valorizadas como promotoras do desenvolvimento de competências.[20; 23]

Assim, diferentes pessoas, ainda que tenham os mesmos interesses e necessidades – em termos de desenvolvimento de competências –, podem construir trilhas distintas. Vejamos um exemplo ilustrativo na Figura 3.1. Pode-se ver que, para alcançar a competência desejada (objetivo ou ponto de chegada de uma trilha), o *Profissional A* percorreu uma trajetória de desenvolvimento distinta daquela do *Profissional B*. Cada qual se valeu de diferentes soluções de capacitação, embora ambos buscassem desenvolver a mesma competência.

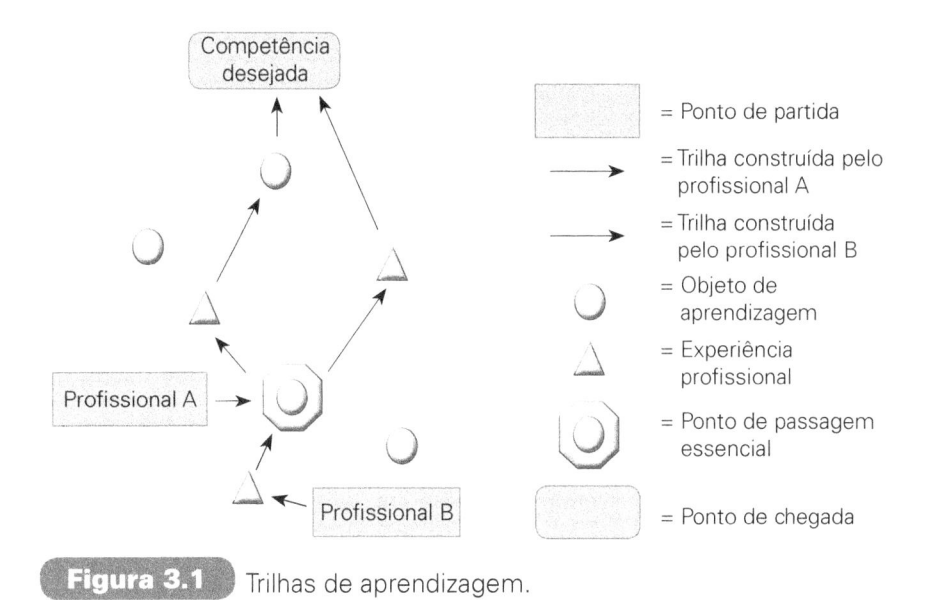

Aplicações do Mapeamento de Competências à Gestão de Pessoas

Figura 3.1 Trilhas de aprendizagem.

Fonte: Le Boterf,[28] com adaptações.

A Figura 3.1 apresenta uma série de oportunidades de aprendizagem que hipoteticamente permitiriam ao profissional desenvolver a competência desejada (ponto de chegada). Tais oportunidades expressam a multiplicidade de formas de aprender disponíveis no ambiente e o reconhecimento de que a aprendizagem (ou seja, o desenvolvimento da competência desejada) é mais importante que a forma pela qual esta ocorre.[19] Outro pressuposto dessa abordagem é o de que o desenvolvimento profissional deve ser contínuo, até porque uma aprendizagem faz surgir naturalmente novas necessidades e aspirações, de maneira que cada ponto de chegada em uma trilha representa um novo ponto de partida.[20]

Vejamos como, na prática, se constrói uma trilha. Suponha que a organização tenha definido, entre suas expectativas de desempenho, que seus empregados expressem, entre outras, as seguintes competências individuais:

> *Atender o cliente, com presteza e cordialidade, procurando satisfazer as expectativas dele.*
>
> *Redigir relatórios, com clareza e objetividade, utilizando corretamente as regras gramaticais.*

3 Aplicações do Mapeamento de Competências à Gestão de Pessoas

Suponha também que, para promover o desenvolvimento dessas competências, a empresa tenha colocado à disposição de seus empregados as opções de capacitação dispostas no Quadro 3.8 a seguir.

Quadro 3.8 Exemplo de opções de aprendizagem para elaboração de trilhas.

Competências	Opções de Aprendizagem
Atender o cliente, com presteza e cordialidade, procurando satisfazer as expectativas dele.	**Cursos** • "Atendendo o Cliente" (autoinstrucional, mídia impressa) • "Mantendo o Foco no Cliente" (autoinstrucional, via *web*) • "Marketing Aplicado" (autoinstrucional, via *app - mobile learning*) • "Gerenciando o Relacionamento com o Cliente" (presencial) **Palestra** • "Conhecendo o Cliente do Mercado Varejo" (presencial) **Estágios** • Atendimento de Excelência (unidades com maiores índices de satisfação do cliente) • "Atendimento na Disney" (visita guiada, estágio no exterior) **Livros** • CONNELAN, Tom. *Nos bastidores da Disney*. São Paulo: Futura, 1999. • LIMA, Agnaldo. *Como conquistar, fidelizar e recuperar clientes*: gestão do relacionamento. São Paulo: Atlas, 2012. • MOTTA, Paulo César. *Servir com alma:* um novo conceito em relacionamento com o cliente. São Paulo: Prentice Hall, 2000. • SILVA, Fábio Gomes; ZAMBON, Marcelo Socorro (Org.). *Gestão do relacionamento com o cliente*. São Paulo: Thomson Pioneira, 2015. • WHITELEY, Richard C. *A empresa totalmente voltada para o cliente*: do planejamento à ação. São Paulo: Campus, 1999. **Audiolivro** • *Atendimento ao cliente*. São Paulo: Bridge Soluções em Desenvolvimento Humano, 2007. Duração: 3h21min. **Vídeos** • *Se não fosse pelos clientes*. São Paulo: Siamar. Duração: 23m. • *Clientes Impossíveis*. São Paulo: Siamar. Duração: 26m.

Continua...

Aplicações do Mapeamento de Competências à Gestão de Pessoas

Competências	Opções de Aprendizagem
	Atividade Colaborativa • Atividade de *social learning*, via *web*, para compartilhamento de ideias e melhores práticas de atendimento ao cliente. **Filme** • *Conduzindo Miss Daisy*. EUA: Warner Bros. 1989, 99 m. Direção de Bruce Beresford. Sinopse: Atlanta, 1948, o filho de uma rica judia de 72 anos contrata um motorista. Inicialmente, ela resiste à ideia de ser conduzida pelo empregado, mas aos poucos ele quebra barreiras sociais e culturais, fazendo crescer entre os dois uma grande amizade. O filme mostra os efeitos de um relacionamento profissional, pautado pelo respeito e pela preocupação em atender às expectativas do outro. **Revista** • *GV Executivo*. São Paulo: Fundação Getulio Vargas – FGV. **Certificação** • Apostila para Certificação de Conhecimentos em Marketing
Redigir relatórios, com clareza e objetividade, utilizando corretamente as regras gramaticais.	**Cursos** • "Comunicação" (autoinstrucional, mídia impressa) • "A Comunicação Escrita" (autoinstrucional, via *web*) • "Oficina de Comunicação Administrativa" (presencial) **Livros** • CUNHA, Celso; CINTRA, Lindley. *Nova gramática do português contemporâneo*. São Paulo: Lexikon, 2008. • FRANÇA, Ana Shirley. *Comunicação escrita nas empresas*: teorias e práticas. São Paulo: Atlas, 2013. • MARTINS FILHO, Eduardo Lopes. *Manual de redação e estilo:* São Paulo: O Estado de S. Paulo. Maltese, 1992. • MEDEIROS, João Bosco. *Redação empresarial*. São Paulo: Atlas, 2010. **Fascículo Formativo** • Comunicação Empresarial (Brasília, 2004) **Revista** • *Comunicação Empresarial* (Associação Brasileira de Comunicação Empresarial – Aberje). **Sites na Internet** • Associação Brasileira de Comunicação Empresarial – Aberje • Falar é fácil...e escrever também pode ser! Dicas de Português (por Adriel Amaral) • Gramática Online • Manual de Redação – *Folha de S. Paulo* • Portal das Letras

Perceba que, para desenvolvimento das competências dispostas no Quadro 3.8, há diversas opções de aprendizagem hipoteticamente disponíveis, cabendo ao empregado, sob orientação da organização, escolher aquelas mais adequadas para suas necessidades. Se o profissional necessita aprimorar-se na competência de *"Atender o cliente, com presteza e cordialidade, procurando satisfazer as expectativas dele"*, esta representaria um objetivo a atingir, um "ponto de chegada" para construção de uma trilha. Definido esse objetivo, o profissional poderia então eleger, dentre as oportunidades e os recursos de aprendizagem disponibilizados pela organização ou presentes no ambiente social, aqueles mais adequados a suas necessidades, seus gostos, preferências, ritmos e aspirações pessoais. O resultado poderia ser uma trilha de aprendizagem como aquela exemplificada a seguir, no Quadro 3.9, em que o profissional designa as ações de capacitação que pretende realizar, assim como os recursos necessários à aprendizagem e os prazos estabelecidos.

Quadro 3.9 Exemplo de formulação de uma trilha de aprendizagem.

Competência a ser desenvolvida (ponto de chegada)	Opções de Aprendizagem	Recursos Necessários	Prazos de Realização
Atender o cliente, com presteza e cordialidade, procurando satisfazer as expectativas dele	**Palestra**: "Conhecendo o Cliente do Mercado Varejo"	Orçamento para inscrição	Março
	Vídeo: *Se não fosse pelos clientes*. São Paulo: Siamar. Duração: 23m.	TV e DVD	Abril
	Livro: MOTTA, Paulo César. *Servir com alma*: um novo conceito em relacionamento com o cliente. São Paulo: Prentice Hall, 2000.	Livro e ambiente adequado à leitura	Junho

No exemplo hipotético do Quadro 3.9, as três opções de aprendizagem elencadas constituíram uma trilha para desenvolvimento da competência de *"Atender o cliente, com presteza e cordialidade, procurando satisfazer as expectativas dele"*. Tal trilha, no entanto, poderia ter uma configuração diversa, dependendo das oportunidades disponibilizadas

Aplicações do Mapeamento de Competências à Gestão de Pessoas

pela organização e das características, gostos, preferências e ritmos de quem constrói essa trilha, pois há quem prefira aprender por meio da leitura de um livro; alguns, através da Internet e, outros, por intermédio da participação em uma palestra presencial. Quando a organização oferece orientação e autonomia a seus empregados para o planejamento de seu desenvolvimento profissional, e respeita seus ritmos, gostos e aspirações, é mais provável que obtenha engajamento espontâneo e motivação para aprender, aspectos que podem influenciar os resultados da aprendizagem e sua aplicação no trabalho.[20; 37] E mais importantes que as trilhas formuladas por cada um (ou a forma pela qual ocorre a aprendizagem) são as competências que se deseja desenvolver.[19]

Algumas organizações brasileiras já adotam sistemas de capacitação baseados no conceito de trilhas de aprendizagem. É o caso do Banco do Brasil e do Serviço Brasileiro de Apoio às Micro e Pequenas Empresas – Sebrae,[VIII] que disponibilizam a seus funcionários diversas soluções educacionais vinculadas às competências identificadas como relevantes ao sucesso organizacional.

Você viu neste tópico como o mapeamento de competências pode orientar a elaboração de trilhas aprendizagem. É cada vez mais comum, também, que as competências identificadas como relevantes para o desempenho da organização sejam utilizadas para conduzir processos de recrutamento e seleção de pessoas, o que será discutido a seguir.

3.5 Recrutamento e seleção

Recrutamento e seleção referem-se ao macroprocesso de gestão de pessoas que tem como propósito avaliar indivíduos para identificar aqueles mais aptos ao exercício de uma atividade, função ou papel ocupacional. Adota o pressuposto de que para cada atividade ou papel há um perfil profissional requerido, que se revela mais adequado ao êxito no exercício da função.

[VIII] O modelo desenvolvido pelo Banco do Brasil encontra-se detalhadamente descrito em Freitas,[85] Freitas e Brandão,[23] e Brandão e Carbone.[104] Há também informações disponíveis no site da Universidade Corporativa Banco do Brasil – UniBB (www.unibb.com.br). Para conhecer o sistema do Sebrae, por sua vez, acesse o *site* de sua universidade corporativa na Internet, disponível em: <www.uc.sebrae.com.br>.

3 Aplicações do Mapeamento de Competências à Gestão de Pessoas

Nos últimos anos, com a emergência da gestão por competências, muitos autores têm sugerido que esse processo de atração e escolha do profissional adequado seja realizado com base nas competências relevantes à consecução dos objetivos organizacionais, ao que se convencional denominar recrutamento e seleção por competências.[14; 86]

Esse processo teria o objetivo de prover a organização de profissionais com as competências individuais necessárias ao sucesso do empreendimento. Depende, portanto, de um mapeamento prévio dessas competências, ou seja, da definição de perfis de competências relevantes ao pleno desempenho das atividades, que possam orientar a escolha dos candidatos mais aptos ou daqueles com maior potencial.[34]

Recrutar diz respeito a atrair pessoas que potencialmente se ajustem ao contexto e às necessidades presentes ou futuras de competências da organização. São diversas as fontes geralmente utilizadas para pesquisar e identificar profissionais que atendam aos critérios estabelecidos pela empresa. Entre as mais comuns, podemos mencionar a constituição de cadastro de currículos de candidatos e de banco de dados sobre empregados, que reúnam informações sobre histórico profissional, formação, experiência e desempenho. Selecionar, por sua vez, envolve realizar uma comparação entre os profissionais recrutados e as características do papel ocupacional a ser exercido, a fim de determinar qual deles é mais apropriado às competências exigidas para exercício da função, ao contexto e à cultura da organização.[14]

Existem variados instrumentos e técnicas que servem ao propósito de auxiliar a identificação de características do candidato – entre as quais as competências que domina –, para posterior comparação com as expectativas organizacionais, ou seja, com as competências definidas no perfil desejado. Testes psicológicos, provas de conhecimentos e habilidades cognitivas, testes situacionais, entrevistas individuais e dinâmicas de grupo estão entre os instrumentos comumente utilizados.[34; 14]

Testes psicológicos em geral visam identificar comportamentos mais frequentes do indivíduo ou a probabilidade de este apresentar determinados raciocínios, habilidades ou atitudes. Tais características da pessoa são elementos constitutivos da competência, de forma que permitem ao selecionador fazer inferências sobre o que o candidato

Aplicações do Mapeamento de Competências à Gestão de Pessoas

seria capaz de realizar no trabalho. As provas, por sua vez, servem ao propósito de mensurar o grau de conhecimento do candidato em relação a temas relevantes para o papel a ser exercido (informática ou finanças, hipoteticamente) ou ainda avaliar determinadas habilidades cognitivas (solução de problemas e raciocínio lógico, por exemplo) ou psicomotoras (digitação, por exemplo).

Há também os denominados testes situacionais, que são particularmente úteis para avaliar determinadas competências individuais. Estes são realizados com base em situações comumente vivenciadas em contextos organizacionais e no desempenho de atividades profissionais, geralmente por meio de estudos de caso, jogos empresariais, simulações ou dramatizações, os quais permitem revelar como o indivíduo se comporta, pensa e age frente a situações específicas.[14]

A dinâmica de grupo é outro instrumento comumente utilizado. Permite verificar a relação entre as competências dos candidatos e o perfil de competências desejadas pela organização, a partir da observação direta do comportamento dos indivíduos em situações de interação. Os grupos em geral possuem entre seis e doze candidatos e a adoção desse instrumento é particularmente indicada quando for importante analisar as relações psicossociais estabelecidas entre os candidatos, procurando-se assim associar sua conduta no grupo àquela esperada no contexto de trabalho.[14]

Por fim, temos ainda a possibilidade de adotar a entrevista individual, outra técnica bastante utilizada.[87; 86] Seu uso pressupõe o estabelecimento de uma comunicação bilateral, na qual o selecionador, mediante a formulação de perguntas, busca obter informações (sobre desempenho anterior, experiências, crenças etc.) que permitam fazer inferências sobre as competências do candidato, para posteriormente cotejar tais informações com o perfil de competências do papel ocupacional a ser exercido. É importante a construção prévia de um roteiro semiestruturado de perguntas, a ser seguido pelo entrevistador, assim como a observância de outros cuidados metodológicos descritos no tópico 2.2.2 (Entrevista) deste livro, para garantir que a entrevista transcorra a contento.

Vale ressaltar que cada um desses instrumentos possui vantagens e desvantagens. Alguns testes psicológicos, por exemplo, embora comumente utilizados, podem ter seus resultados muito influenciados por fatores externos. As provas de conhecimento são menos sujeitas a vieses perceptivos do avaliador e podem ser aplicadas a grande número de candidatos, mas não permitem avaliar o comportamento deles em um contexto de trabalho. Entrevistas, dinâmicas de grupo e testes situacionais permitem inferir como seria o comportamento do candidato em um contexto de trabalho, mas são mais suscetíveis a vieses perceptivos do selecionador, exigem grande preparo dele e demandam mais tempo e recursos para serem aplicados, em especial quando é grande o número de candidatos. Nenhuma dessas técnicas, então, é necessariamente melhor ou pior que as outras, mas, sim, adequada ou inadequada aos objetivos e ao contexto da organização, ao número de candidatos, à natureza das competências que se deseja selecionar, entre outros aspectos.

Talvez a principal variável que deva ser considerada na escolha dos instrumentos a serem utilizados na seleção seja justamente o perfil de competências desejado para o papel ocupacional a ser exercido. Idealmente, a técnica de seleção adotada deve permitir ao candidato apresentar a ação que caracteriza a competência individual desejada (verbo e objeto da ação).

Vejamos alguns exemplos. Se a competência individual *"Realizar cálculos matemáticos, sem utilizar calculadoras"* fizer hipoteticamente parte do perfil desejado, podemos utilizar uma prova de conhecimentos e habilidades cognitivas, que disponha questões sobre operações e problemas matemáticos, para exigir do candidato a realização de tais cálculos. Suponha, no entanto, que se trata de uma seleção para determinado cargo gerencial, cuja principal competência desejada seja *"Gerenciar conflitos no trabalho, procurando manter a coesão e a harmonia entre integrantes da equipe."* Não seria possível concluir, por meio de uma prova de conhecimentos, se o candidato é capaz de apresentar essa competência no trabalho. Nesse caso, melhor seria a adoção de simulações ou dinâmicas de grupo, que permitam verificar como o candidato age frente a situações de conflito e interage com os outros. Se, por sua vez, a competência desejada for a capacidade de *"Identificar forças, fraquezas, ameaças e oportunidades na área em que atua, visando estabelecer estratégias adequadas de atuação"*, talvez seja mais adequada a utilização de um estudo de caso, que exponha ao candidato

Aplicações do Mapeamento de Competências à Gestão de Pessoas

uma situação hipotética e solicite a ele que realize um diagnóstico dessa situação e elabore uma estratégia de atuação para enfrentá-la.

Você viu sucintamente neste tópico como o mapeamento de competências pode ser utilizado para orientar a realização de processos de atração e seleção de pessoas. Para aprofundar-se sobre as características e principais aplicações de instrumentos de recrutamento e seleção por competências, consulte Carvalho et al.,[14] Faissal et al.[87] e Wood e Payne.[86] A seguir você verá que o mapeamento pode subsidiar também a adoção de ações de reconhecimento e premiação, por exemplo, como retribuição ao desempenho manifesto pelo empregado no trabalho.

3.6 Retribuição

Como comentado anteriormente, no Capítulo 1 deste livro, o domínio de competências constitui condição necessária, mas não suficiente para que o profissional possa apresentar um desempenho exemplar. As pessoas necessitam também de apoio da organização e de um ambiente com condições propícias à execução eficaz do trabalho.[88; 76] Em determinados contextos, as pessoas, embora dispostas e capazes de exercer bem determinado papel ocupacional, podem ter seu desempenho inibido ou restringido em função de características situacionais do ambiente. As pessoas tendem a expressar competências e respostas afetivas mais favoráveis em ambientes de trabalho nos quais encontra apoio e incentivos ao desempenho exemplar.[69; 76]

Entre os aspectos do ambiente que podem afetar a expressão de competências, encontram-se as políticas e práticas organizacionais de incentivos, recompensa e valorização,[27; 70] cujas disponibilidade e qualidade favorecem o alcance de resultados desejados.[89] Isso ocorre porque a expressão de competências pelo empregado é influenciada pelas suas percepções acerca da qualidade e da sinceridade do tratamento que a organização dispensa a ele. Tais percepções, por sua vez, são geradas a partir das interações e relações de troca estabelecidas entre o trabalhador e a organização, as quais são marcadas por expectativas de reciprocidade. A empresa, de um lado, deseja o bom desempenho e o comprometimento do empregado, enquanto este, de outro lado, espera ter o seu esforço valorizado e recompensado pela organização.[70; 90]

É importante, então, que a organização estabeleça políticas e práticas de retribuição aos empregados que os estimulem a desenvolver e aplicar, no trabalho, competências relevantes à consecução dos objetivos organizacionais. Tais políticas e práticas podem servir como estímulo discriminativo ou reforçador do comportamento desejado pela empresa.[27] O *estímulo discriminativo* tem a função de evocar uma resposta, de induzir a pessoa a agir de determinada maneira, adotando os comportamentos desejados pela organização. É o caso dos programas organizacionais de retribuição que estipulam e comunicam previamente aos empregados os requisitos (resultados esperados, por exemplo) necessários à obtenção de bônus, premiações, promoções e outros incentivos. O *estímulo reforçador*, por sua vez, tem como função reforçar a resposta ou comportamento adotado pela pessoa, indicando a ela que sua ação foi apropriada. Serve ao propósito de manter comportamentos, ações e respostas adequados às expectativas organizacionais.[91] É o caso das ações de *feedback*, reconhecimento e recompensa oferecidas à pessoa em retribuição ao seu esforço e desempenho no trabalho.

Os estímulos são apresentados sob a forma de incentivos, que podem ser definidos como o suporte ou reforço dado pela organização ao desempenho da pessoa no trabalho. Podem ser *monetários*, quando expressos em salários, comissões, gratificações, participação nos lucros, promoções e outros; ou *não monetários*, quando envolverem reconhecimento, premiações (não pecuniárias) e oportunidades de crescimento e desenvolvimento profissional, por exemplo.[27]

As ações de retribuição da organização podem basear-se no mapeamento de competências, visando distinguir e reforçar a expressão de competências relevantes e a consecução de resultados decorrentes. É importante que tais ações sejam contingentes ao desempenho no trabalho, mas alguns cuidados devem ser observados, em especial no que se refere à instituição de incentivos monetários. Estabelecer mecanismos de remuneração variável baseados exclusivamente no resultado alcançado (alcance de metas) pode trazer algumas distorções, entre as quais é possível mencionar:

a) Há a possibilidade de tais mecanismos induzirem as pessoas a adotarem comportamentos inadequados no ímpeto de maximizarem seus ganhos. É o caso das comissões distribuídas em razão apenas do faturamento ou do volume de vendas obtido pelo empregado, o que pode induzi-lo, no arrojo de realizar a venda (para obter a comissão), a omitir ou distorcer informações prestadas ao cliente ou mesmo a utilizar argumentos falaciosos.

b) Quando vinculados apenas a metas de curto prazo, em especial àquelas de caráter essencialmente econômico-financeiro, tais mecanismos podem levar a desempenhos imediatistas e sectários, que prejudicam a sustentabilidade da organização por prazos mais longos.

c) Se vinculadas exclusivamente a metas individuais, as ações de recompensa podem induzir a individualização no trabalho e levar a conflitos internos, em detrimento de comportamentos de cooperação e colaboração entre os empregados.

Instituir mecanismos de remuneração variável com base apenas na avaliação de competências, por outro lado, também pode trazer distorções:

a) A remuneração por competências, por si só, não induz necessariamente a consecução de resultados esperados (alcance de metas), pois a competência é condição necessária, mas não suficiente para obtenção de resultados, conforme discutido no Capítulo 1 deste livro.

b) Quando a avaliação de competências for baseada nas observações de um único avaliador, em geral o superior hierárquico, estas podem estar carregadas de vieses, em razão de fatores como preconceito, indulgência, severidade e leniência, com prováveis efeitos negativos sobre a remuneração variável.

c) Se, por outro lado, a remuneração variável estiver baseada nas percepções de múltiplas fontes de avaliação (superior, subordinados, colegas de trabalho e outros), então o modelo de remuneração pode induzir a "barganha coletiva", situação em que as diferentes fontes superavaliam umas às outras, na expectativa de maximizar os ganhos de todos.

Considerando essas distorções potenciais, as políticas e práticas de retribuição da organização, para que sirvam adequadamente ao propósito de gerar estímulos discriminativos e reforçadores do desempenho esperado, precisam basear-se em critérios de desempenho que caracterizem bom equilíbrio entre:[9] (a) metas e competências; (b) objetivos de curto e longo prazos; (c) indicadores financeiros e não financeiros; (d) visão interna (funcionários) e externa (clientes e sociedade); (e) desempenho individual e coletivo; e (f) incentivos monetários e não monetários.

Já não bastasse a dificuldade de balancear todos esses elementos, há outro desafio fundamental: o corpo gerencial precisa estar adequadamente preparado para oferecer *feedback* e incentivos não monetários (em especial reconhecimento) a seus liderados. De pouco adianta um bom sistema corporativo de incentivos se, no nível das equipes, os gestores adotam práticas que contrariam premissas desse sistema, acabando por prejudicar, em vez de reforçar o desempenho esperado.

É o caso dos gestores que, mesmo sem a consciência de que o fazem, adotam práticas que representam punições àqueles que apresentam bom desempenho no trabalho. Parece improvável, mas talvez isso ocorra com mais frequência do que se imagina. Se você possui razoável experiência profissional, já deve ter vivenciado alguma situação em que, como recompensa pelo seu bom desempenho, recebeu de seu superior ainda mais trabalho a fazer. Se por hipótese seu desempenho era exemplar, você pode ainda ter tido dificuldade de usufruir suas férias, de participar de ações de desenvolvimento profissional ou mesmo de aproveitar oportunidades de crescimento na carreira, simplesmente porque, na visão do gerente, você tornou-se imprescindível na equipe. Estas, ainda que alguns gestores não tenham consciência disso, são formas comuns de punição ao bom desempenho. Em vez de servirem como estímulo positivo, podem criar uma percepção de injustiça no ambiente de trabalho e inibir o desempenho futuro da pessoa.[27] Não bastasse isso, há ainda as práticas gerenciais que incentivam o desempenho insatisfatório. É o caso do empregado que, justamente por apresentar desempenho inadequado, recebe do gerente menos trabalho que os demais integrantes da equipe e não encontra dificuldade em usufruir de férias ou

Aplicações do Mapeamento de Competências à Gestão de Pessoas

em participar de eventos externos, porque sua ausência ao trabalho, na percepção do gestor, não traz nenhum prejuízo aos resultados da equipe. Estas representariam formas de incentivar o desempenho insatisfatório, quando o desejável é justamente o contrário.[27]

Assim, para surtirem o efeito desejado, os sistemas corporativos de retribuição, assim como as práticas gerenciais nas equipes, devem representar incentivos, monetários ou não, que favoreçam o bom desempenho no trabalho.

Você pôde ver, neste capítulo, algumas aplicações do mapeamento de competências no campo da gestão de pessoas. Discutiu-se como o mapeamento pode ser utilizado para avaliar o desempenho no trabalho, levantar necessidades de capacitação, formular ações educacionais, conceber trilhas de aprendizagem, orientar processos de recrutamento e seleção de pessoas, e subsidiar ações de retribuição. As aplicações, vale ressaltar, não se restringem a tais atividades. Podem abranger outros processos de gestão de pessoas, como orientação profissional e comunicação interna, por exemplo, fazendo com que todos estejam orientados a induzir ou promover o desenvolvimento das competências individuais necessárias ao alcance dos objetivos organizacionais.

4

Considerações Finais

4 Considerações Finais

Com a emergência da Gestão por Competências como modelo orientador de estratégias e práticas de gestão de pessoas, grande discussão tem sido feita sobre o tema nos últimos anos, tanto no meio acadêmico quanto no ambiente empresarial. Em decorrência, foram formuladas diversas concepções teóricas e realizados estudos empíricos,[16] publicados sob a forma de livros, artigos, relatórios de pesquisa e outros veículos.

No meio organizacional, tornou-se comum a adoção de modelos de gestão baseados em competências por empresas de diferentes indústrias, tamanhos, ramos de atuação e nacionalidades. No Brasil, Fiat, Vale, Petrobras, Banco do Brasil, Embratel e Usiminas estão entre as que utilizam práticas de gestão por competências.[9; 10; 11] Embora a concepção e o uso corrente desse modelo de gestão tenham ocorrido e se disseminado originalmente no setor empresarial, nos últimos anos o setor público acompanhou essa tendência. Com a edição do Decreto nº 5.707,[12] em 2006, as entidades componentes dessa esfera pública viram-se diante da necessidade de formular planos de capacitação com base nas competências requeridas de seus servidores. Muitas adotaram (Antaq, Banco Central, CNPq, Ministério do Planejamento e Serpro, por exemplo), em diferentes graus de sistematização e abrangência, iniciativas para implantação da gestão por competências.[13]

Em decorrência, tanto no Brasil quanto no exterior, nos setores público e privado, o uso da gestão por competências passou a ser considerado por muitos como sinônimo de boa prática de gestão, recomendada por teóricos, praticantes, códigos de governança, índices de sustentabilidade, associações de classe e outros.[3; 6; 13]

A grande evidência dada a esse modelo de gestão talvez tenha duas justificativas principais. Primeiro, o pressuposto de que as competências constituem um dos principais condicionantes do desempenho de profissionais, equipes e organizações. Logo, se pessoas e organizações estão interessadas em otimizar seu desempenho, uma estratégia natural para tanto é sistematizar o processo de desenvolvimento das competências relevantes à consecução de seus objetivos. Segundo, o fato de a gestão por competências facilitar a obtenção de consistência vertical e horizontal nos processos organizacionais, em especial os associados à gestão de pessoas, o que é complexo, mas fundamental para o êxito de estratégias organizacionais.

Considerações Finais

Essa desejada consistência encontra-se ilustrada na Figura 4.1 a seguir. O alinhamento *vertical* – também denominado consistência vertical ou ajuste externo – diz respeito à necessidade de as políticas e práticas de gestão de pessoas estarem alinhadas à estratégia organizacional.[92] Representa a ideia de que há uma hierarquia, pela qual as estratégias de gestão de pessoas estariam subordinadas à estratégia organizacional. Sob essa perspectiva, a atuação da área de gestão de pessoas deve ser definida pela estratégia organizacional, assumindo-se o pressuposto de que não existiriam melhores práticas universais de recursos humanos, indicadas como mais apropriadas para quaisquer empresas, contextos, situações ou estratégias. Caberia à organização buscar a adoção de políticas e práticas de gestão de pessoas que melhor se "ajustem" à estratégia organizacional.[93] A gestão por competências facilita esse alinhamento vertical, na medida em que, nesse modelo, os processos de gestão de pessoas são orientados a promover o desenvolvimento de competências necessárias ao alcance dos objetivos estratégicos da organização. A competência representaria, então, um elemento de ligação, o elo que permitiria alinhar a gestão de pessoas à estratégia organizacional, conforme ilustra a Figura 4.1.

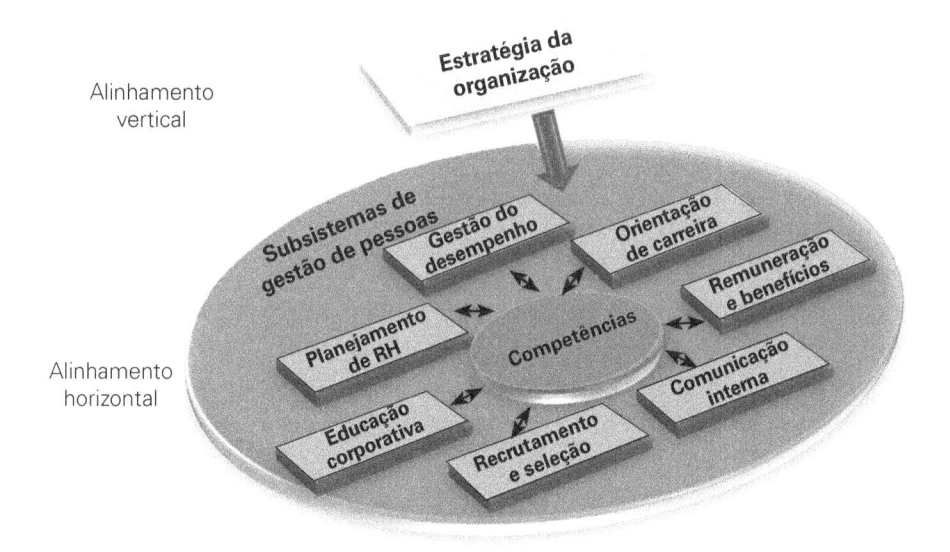

Figura 4.1 Representação de alinhamento vertical e alinhamento horizontal em gestão de pessoas.

Fonte: Picchi,[93, p. 45] com adaptações.

4   Considerações Finais

Não basta, no entanto, que a gestão de pessoas esteja ajustada à estratégia. É necessário que haja também congruência entre os processos ou subsistemas de gestão de pessoas, de forma que um dê suporte ao outro, gerando um efeito sinérgico, o que se convencionou denominar alinhamento *horizontal* – também chamado de consistência ou ajuste interno.[92] Os processos de gestão de pessoas estão interligados uns com os outros, em um mesmo plano, sem uma hierarquia entre eles, de tal forma que o alinhamento horizontal pode ser compreendido como o grau de coerência ou consistência entre tais processos.[93] Como o mapeamento de competências pode orientar a condução dos diferentes subsistemas de gestão de pessoas (educação corporativa, recrutamento e seleção, gestão do desempenho etc.), pode, por conseguinte, atuar como elemento integrador desses subsistemas, promovendo seu ajuste interno, conforme ilustra a Figura 4.1.

Sob essa perspectiva, o "melhor ajuste" ocorre quando as políticas e práticas de gestão de pessoas estão coerentes entre si (alinhamento horizontal) e adequadas à estratégia organizacional (alinhamento vertical), o que daria caráter estratégico à gestão de pessoas, aumentando sua importância relativa, além de conferir maior efetividade à organização.[93]

Dadas as contribuições da gestão por competências para promover esse alinhamento e a evidência que esse modelo adquiriu nos últimos anos, muito tem sido produzido em termos de literatura especializada.[16] Essa produção, no entanto, em geral enfatizou discussões conceituais sobre a noção de competência, proposições teóricas e estudos empíricos sobre o tema. Existem ainda os autores que se dedicaram a explorar as aplicações do conceito de competência para orientar diferentes processos de gestão de pessoas. Mas há relativa escassez de obras de caráter instrumental, em especial no Brasil, dedicadas especificamente a aspectos metodológicos do mapeamento de competências. Em decorrência, o mapeamento de competências, embora constitua elemento central da gestão por competências, muitas vezes é negligenciado por organizações e profissionais de gestão de pessoas. Quando realizado sem o rigor metodológico necessário ao seu êxito, o mapeamento de competências em geral produz resultados imprecisos, de validade questionável, deixando naturalmente prejudicadas as demais etapas ou fases da gestão por competências.

Considerações Finais 4

Espera-se que este livro tenha ajudado a preencher essa lacuna na literatura especializada, trazendo contribuições não apenas teóricas e conceituais, mas sobretudo de ordem prática. Ao discorrer sobre a descrição operacional de competências e sobre os métodos, técnicas e instrumentos de pesquisa social aplicados ao mapeamento de competências, com a apresentação de exemplos ilustrativos, casos e exercícios práticos, espera-se que ele tenha instrumentalizado você, leitor, a conduzir adequadamente processos de mapeamento de competências em diferentes contextos organizacionais.

Perceba que a consistência vertical e horizontal da gestão de pessoas por competências só é possível quando o mapeamento de competências é conduzido de forma apropriada, com rigor metodológico, para garantir a correta identificação e descrição das competências relevantes à consecução das estratégias organizacionais. Se as competências forem identificadas e descritas de forma imprecisa, estiverem sujeitas a ambiguidades e a diferentes interpretações, então qualquer aplicação que tiverem estará naturalmente prejudicada. Como é possível avaliar o desempenho das pessoas no trabalho com base em competências erroneamente descritas? Será plausível elaborar planos de capacitação baseados em descrições imprecisas e inadequadas de competências? Se o mapeamento for duvidoso, é pouco provável que aplicações como essas sejam bem-sucedidas.

Lembre-se também de que o êxito do mapeamento de competências depende em grande medida da qualificação e da experiência daqueles que o conduzem. Se você ainda não se sente seguro e preparado para conduzi-lo, exercite. Faça – e se for o caso refaça – os exercícios dispostos no Apêndice a seguir. Compare as soluções produzidas por você com os gabaritos de cada exercício, refletindo sobre eventuais equívocos e acertos. Se necessário exercitar mais, simule a realização de entrevistas ou grupos focais em seu contexto de trabalho e realize a análise de conteúdo de documentos organizacionais. Muitas empresas disponibilizam em seus *sites* na Internet trechos de suas estratégias (missão, visão, valores e outros), os quais podem ser ricos elementos para exercitar a análise documental. Enfim, experimente, pratique. Você perceberá a evolução.

Bom trabalho!

5

Apêndice: Exercícios e Gabaritos

5.1 Exercício 1: Distinção entre desempenhos explícitos e situações abstratas

Você encontrará a seguir nove enunciados. Alguns deles descrevem desempenhos explícitos (competências individuais), indicando **ações** ou comportamentos que poderiam ser objetivamente observados no trabalho. Outros, no entanto, descrevem apenas situações abstratas, que não indicam explícita e objetivamente o que o indivíduo deve **fazer** no trabalho.

Parte 1: analise tais enunciados e identifique aqueles que descrevem apenas abstrações, e não competências individuais:

a) Elaborar relatórios.
b) Calcular custos de produção.
c) Pensar a estratégia da organização.
d) Organizar documentos fiscais.
e) Saber os direcionamentos da organização.
f) Ter iniciativa.
g) Formular planos de trabalho.
h) Localizar informações na Internet.
i) Desenvolver aplicativos para dispositivos móveis (celulares, *tablets* e *smartwaches*).

Consulte o gabarito da Parte 1 deste exercício, disposto adiante. Conseguiu identificar corretamente os enunciados que descrevem apenas situações abstratas? Se não, exercite um pouco mais, analisando os sete enunciados dispostos a seguir, na Parte 2 deste exercício.

Parte 2: analise os enunciados apresentados abaixo e identifique aqueles que descrevem apenas abstrações, e não competências individuais. Depois, consulte o gabarito da Parte 2 deste exercício, disposto adiante, para verificar o quanto você acertou.

j) Avaliar o desempenho da equipe.
k) Conhecer os produtos e serviços da empresa.
l) Planejar ações de comunicação.
m) Identificar falhas no processo produtivo.

n) Propor melhorias nas rotinas de trabalho.
o) Ser cortês com o cliente.
p) Prospectar oportunidades de negócio em redes sociais.

Gabarito da Parte 1 do Exercício 1:

Se você assinalou os enunciados dispostos nas alíneas "c", "e" e "f", então identificou corretamente aqueles que representam situações abstratas. Perceba que tais enunciados utilizam verbos inadequados (pensar, saber e ter, respectivamente), os quais não caracterizam competências individuais, pois não expressam ações ou comportamentos explícitos, concretos, que possam ser diretamente observados e avaliados em um contexto de trabalho.

Para resolver tais inadequações, pequenos ajustes poderiam ser feitos nesses enunciados. Na alínea "c", o verbo "pensar" poderia ser substituído por "formular" ou "revisar", por exemplo, de forma a descrever comportamentos explícitos e observáveis: "*formular a estratégia da organização*" e "*revisar a estratégia da organização*". Na alínea "e", o conhecimento dos "*direcionamentos (ou estratégias) da organização*" poderia ser utilizado como condição de algum desempenho explícito, como, por exemplo: "atender o cliente, observando as estratégias da organização". Note que "*atender o cliente*" é um comportamento explícito (o que caracteriza uma competência individual), enquanto a expressão "*observando as estratégias da organização*" figura como uma condição, posto que indica a forma pela qual se espera que ocorra tal "*atendimento ao cliente*". Para corrigir o enunciado da alínea "f", por sua vez, bastaria descrever um comportamento observável que caracterizasse o que se entende por "iniciativa". Por exemplo: "*Implementar melhorias nos processos de trabalho, sem ser demandado para tanto*".

Os demais enunciados (alíneas "a", "b", "d", "g", "h" e "i") descrevem desempenhos explícitos, que poderiam ser objetivamente observados e avaliados em um contexto de trabalho. Representam, portanto, descrições adequadas de competências individuais.

Gabarito da Parte 2 do Exercício 1:

Acertou se você assinalou os enunciados dispostos nas alíneas "k" e "o", os quais descrevem apenas situações abstratas. Perceba que tais enunciados utilizam verbos inadequados (*conhecer* e *ser*, respectivamente), os quais não expressam ações ou comportamentos explícitos, concretos, que possam ser diretamente observados e avaliados em um contexto de trabalho. Não caracterizam, portanto, competências individuais.

> Para corrigir tais inadequações, esses enunciados teriam que ser reescritos. Na alínea "k", bastaria descrever um comportamento explícito que requeresse do indivíduo o "*conhecimento sobre os produtos da empresa*". Por exemplo: "*Descrever para os clientes as vantagens e benefícios dos produtos e serviços da empresa*" ou "*Identificar o produto ou serviço mais adequado às necessidades do cliente*". Na alínea "o", por sua vez, a "cortesia" poderia ser utilizada como critério de qualidade de algum desempenho explícito, como, por exemplo: "atender o cliente com cortesia". Note que "*atender o cliente*" é um comportamento explícito (o que caracteriza uma competência individual), enquanto a expressão "*com cortesia*" figura como um critério de qualidade, posto que especifica a forma pela qual se espera que o "*atendimento ao cliente*" seja feito.
>
> Os demais enunciados (alíneas "j", "l", "m", "n" e "p") descrevem desempenhos explícitos, que poderiam ser objetivamente observados e avaliados em um contexto de trabalho. Representam, portanto, descrições adequadas de competências individuais.

● 5.2 Exercício 2: Descrição adequada de competências individuais

Estão descritas a seguir diversas competências individuais, algumas das quais são oriundas de documentos públicos (relatórios organizacionais, relatos de pesquisas e artigos publicados sobre o tema). A maioria delas foi elaborada ou adaptada especificamente para fins didáticos deste exercício.

Analise atentamente as descrições dessas competências, procurando identificar nelas a existência de ambiguidades, duplicidades, irrelevâncias, obviedades, múltiplas ideias, abstrações, verbos inadequados, palavras desnecessárias, termos excessivamente técnicos ou imprecisos e outras inadequações.

Em razão das eventuais inadequações identificadas, reformule as descrições operacionais dessas competências, procurando torná-las mais claras, objetivas e precisas. Lembre-se de que a descrição de uma competência deve conter verbo, objeto de ação e, se possível e conveniente, condições e critérios de qualidade e/ou quantidade, conforme exposto no tópico 2.1 deste livro. Apenas duas das competências dispostas a seguir estão redigidas adequadamente. Procure identificá-las também.

Competências a serem analisadas:

a) Aplicar habilidades específicas, identificando e diagnosticando problemas a fim de formular e propor soluções de melhoria nos processos.
b) Demonstrar flexibilidade para interagir com as pessoas e atuar como mediador em caso de conflitos.
c) Criar *networking* com o governo e identificar oportunidades de vender serviços para o setor público.
d) Vender produtos e serviços aos clientes, transmitindo credibilidade.
e) Chegar a um meio-termo em relações negociais, procurando mitigar impasses.
f) Estudar livros técnicos, visando formular e consolidar metodologias, desenvolver projetos e atualizar-se com as tendências do mercado.
g) Prestar consultoria ao cliente, ajudando-o na escolha do produto ou serviço que melhor atenda às necessidades dele.
h) Quando necessário, identificar o papel de cada unidade da organização.
i) Organizar suas atividades e tarefas diárias para realizá-las no prazo estabelecido.
j) Energizar a equipe de trabalho, orientando os funcionários para atingir os objetivos estabelecidos.
k) Criar iniciativas para interagir com o cliente, visando monitorar a qualidade dos serviços prestados.
l) Gerenciar os conflitos surgidos na sua equipe, buscando o entendimento das partes e uma possível conciliação.
m) Criar soluções e implementar ações criativas, atuando com eficiência na condução de tarefas e assumindo riscos necessários para o alcance das metas da organização.
n) Adotar uma abordagem positiva em situações conflituosas, transformando condições adversas em oportunidades para novos projetos, serviços e ideias.
o) Planejar estrategicamente, considerando a cultura, a estrutura, o contexto e os serviços prestados pela empresa.

p) Refletir por um ângulo diferente, procurando soluções inéditas e criativas para os problemas da organização.

q) Internalizar informações e rotinas, para executar com maior agilidade suas tarefas.

r) Pensar sobre falhas em processos de trabalho, procurando corrigi-las.

s) Formular novos modelos de negócios, utilizando tecnologias digitais.

t) Repensar os produtos e serviços da empresa para promover sua transformação digital.

Conseguiu identificar inadequações na redação das competências? Foi capaz de reformular as descrições, visando torná-las mais claras e objetivas? Consulte o gabarito a seguir e veja o quão bem você identificou e corrigiu inadequações na descrição de competências individuais.

> **Gabarito do Exercício 2:**
>
> a) Competência: <u>Aplicar habilidades</u> específicas, <u>identificando</u> e <u>diagnosticando</u> problemas a fim de <u>formular</u> e <u>propor</u> soluções de melhoria nos processos.
>
> Inadequação: Há múltiplas ideias (aplicar, identificar, diagnosticar, formular e propor) na descrição dessa competência, além de o termo "*aplicar habilidades*" ser inapropriado para caracterizar objetivamente um desempenho esperado do indivíduo no trabalho. Seria adequada a seguinte redação: "*Propor soluções adequadas para aprimorar processos de trabalho.*"
>
> b) Competência: <u>Demonstrar flexibilidade</u> para interagir com as pessoas e atuar como mediador <u>em caso</u> de conflitos.
>
> Inadequação: A expressão "*demonstrar flexibilidade*" é inadequada para caracterizar clara e objetivamente um desempenho observável esperado do indivíduo no trabalho. Representa uma abstração, que pode dar margem a diferentes interpretações. Há ainda palavras desnecessárias: "*em caso*". Seria adequada a seguinte redação: "*Mediar conflitos no trabalho, procurando estimular a coesão e a harmonia entre integrantes da equipe.*"
>
> c) Competência: Criar <u>networking</u> com o governo e identificar oportunidades de vender serviços para o setor público.
>
> Inadequação: Há estrangeirismo na redação dessa competência, ou seja, uso injustificado de termo (*networking*) em idioma estrangeiro, o

que pode dificultar a compreensão do que é esperado do indivíduo no trabalho. Seria adequada a seguinte redação: "*Estabelecer redes de relacionamento com órgãos do setor público, para identificar oportunidades comerciais.*"

d) Competência: Vender produtos e serviços <u>aos clientes</u>, transmitindo <u>credibilidade</u>.

Inadequação: Há palavras desnecessárias (a expressão "*aos clientes*") na redação dessa competência, além de o critério "*transmitindo credibilidade*" parecer um pouco vago. Seria melhor substituí-lo por algo mais objetivo: "*Vender produtos e serviços, argumentando com o cliente de maneira segura e convincente.*"

e) Competência: <u>Chegar a um meio-termo</u> em relações negociais, procurando mitigar impasses.

Inadequação: A expressão "*chegar a um meio-termo*" é inadequada para caracterizar uma competência individual porque não especifica clara e objetivamente (livre de ambiguidades) o que o indivíduo deve ser capaz de fazer no trabalho. Seria adequada a seguinte redação: "*Negociar acordos comerciais, atenuando impasses.*"

f) Competência: <u>Estudar</u> livros técnicos, visando <u>formular</u> e <u>consolidar</u> metodologias, <u>desenvolver</u> projetos e <u>atualizar-se</u> com as tendências do mercado.

Inadequação: Descrição com múltiplas ideias e utilização de verbo ("*estudar*") inadequado para caracterizar uma competência individual. Seria adequada a seguinte redação: "*Formular métodos e projetos alinhados às tendências do mercado.*"

g) Competência: Prestar consultoria ao cliente, ajudando-o na escolha do produto ou serviço que melhor atenda às suas necessidades.

Análise: Não há inadequações na descrição dessa competência. Perceba que existe um verbo (prestar) e um objeto de ação (consultoria), que caracterizam bem um desempenho explícito, passível de observação no contexto de trabalho. Há também uma condição que especifica a forma pela qual se espera que essa consultoria seja prestada (ajudando o cliente na escolha do produto mais adequado).

h) Competência: <u>Quando necessário</u>, consegue identificar o papel de cada unidade da organização.

Inadequação: A expressão "*quando necessário*" constitui uma obviedade. Seria adequado excluí-la do enunciado, deixando simplesmente: "*Identificar o papel de cada unidade da organização.*"

i) Competência: Organizar suas <u>atividades e tarefas</u> diárias para realizá-las no prazo estabelecido.

Inadequação: Há uma redundância ("*atividades e tarefas*") no enunciado, de forma que seria adequado redigir simplesmente: "*Organizar suas atividades diárias para realizá-las no prazo estabelecido.*"

j) Competência: <u>Energizar a equipe</u> de trabalho, orientando os funcionários para atingir os objetivos estabelecidos.

Inadequação: A expressão "*energizar a equipe*" representa uma abstração. Gera ambiguidade. É inadequada para caracterizar uma competência individual porque não especifica clara e objetivamente (livre de ambiguidades) o que o indivíduo deve ser capaz de fazer no trabalho. Seria mais adequada a seguinte redação: "*Orientar a atuação dos integrantes de sua equipe, para atingir os objetivos estabelecidos.*"

k) Competência: <u>Criar iniciativas</u> para interagir com o cliente, visando monitorar a qualidade dos serviços prestados.

Inadequação: A expressão "*criar iniciativas*" é inadequada para caracterizar uma competência individual porque não especifica clara e objetivamente (livre de ambiguidades) o que o indivíduo deve ser capaz de fazer no trabalho. Seria adequada a seguinte redação: "*Interagir com o cliente, visando monitorar a qualidade dos serviços prestados*".

l) Competência: Gerenciar os conflitos <u>surgidos</u> na sua equipe, <u>buscando o entendimento das partes e uma possível conciliação</u>.

Inadequação: O termo "*surgidos*" constitui uma obviedade. Há também uma redundância, pois "*conciliação*" é sinônimo de "*entendimento entre as partes*". Seria adequada a seguinte redação: "*Gerenciar conflitos entre os integrantes de sua equipe, buscando a conciliação*".

m) Competência: <u>Criar</u> soluções e <u>implementar</u> ações criativas, <u>atuando</u> com eficiência na <u>condução</u> de tarefas e <u>assumindo</u> riscos necessários para o <u>alcance</u> das metas da organização.

Inadequação: Há múltiplas ideias (criar, implementar, atuar, conduzir, assumir e alcançar) na descrição dessa competência, o que inviabilizaria sua avaliação precisa. Seria adequada uma redação mais sucinta e objetiva, como: "*Implementar ações criativas para alcançar as metas da organização.*"

n) Competência: <u>Adotar uma abordagem positiva</u> em situações conflituosas, transformando condições adversas em oportunidades para novos projetos, serviços e ideias.

Inadequação: A expressão "*adotar uma abordagem positiva*" representa uma abstração. Não especifica clara e objetivamente (livre de ambiguidades) o que o indivíduo deve ser capaz de fazer no trabalho. Seria adequada a seguinte redação: "*Gerenciar conflitos, buscando transformar situações adversas em oportunidades para novos projetos, serviços e ideias.*"

o) Competência: <u>Planejar estrategicamente</u>, considerando a cultura, a estrutura, o contexto e os serviços prestados pela empresa.

Inadequação: Na descrição dessa competência há o verbo ("*planejar*"), mas o objeto da ação está ausente: planejar o quê? Como a descrição de qualquer competência exige um verbo e um objeto de ação, seria correta a seguinte redação: "*Formular estrategicamente planos de ação, considerando a cultura, a estrutura, o contexto e os serviços prestados pela empresa.*" Perceba que nessa nova redação há verbo (*formular*), objeto ("planos de ação"), critério de qualidade ("*estrategicamente*") e condição ("*considerando a cultura, a estrutura, o contexto e os serviços*

Apêndice: Exercícios e Gabaritos

prestados pela empresa"), elementos importantes para caracterizar bem uma competência individual.

p) Competência: <u>Refletir por um ângulo diferente</u>, procurando soluções inéditas e criativas para os problemas da organização.

Inadequação: A expressão *"refletir por um ângulo diferente"* representa uma abstração. Não especifica clara e objetivamente (livre de ambiguidades) o que o indivíduo deve ser capaz de fazer no trabalho. Os termos *"inéditas"* e *"criativas"*, por sua vez, poderiam ser interpretados como redundantes. Seria adequada a seguinte redação: *"Formular soluções criativas para os problemas da organização."*

q) Competência: <u>Internalizar</u> informações e rotinas, para executar com maior agilidade suas tarefas.

Inadequação: O verbo *"internalizar"* não caracteriza uma competência individual, pois não expressa um desempenho explícito, concreto, que possa ser diretamente observado e avaliado em um contexto de trabalho. Seria adequada a seguinte redação: *"Executar com agilidade suas tarefas, observando os procedimentos estabelecidos pela organização."*

r) Competência: <u>Pensar</u> sobre falhas em processos de trabalho, procurando corrigi-las.

Inadequação: O verbo *"pensar"* não caracteriza uma competência individual, pois não expressa um desempenho explícito, concreto, que possa ser diretamente observado e avaliado em um contexto de trabalho. Seria adequada a seguinte redação: *"Identificar e corrigir falhas em processos de trabalho."*

s) Competência: Formular novos modelos de negócios, utilizando tecnologias digitais.

Análise: Não há inadequações na descrição dessa competência. Perceba que existe um verbo (*"formular"*) e um objeto de ação (*"novos modelos de negócios"*), que caracterizam bem um desempenho explícito, passível de observação em um contexto de trabalho. Há também uma condição que especifica a forma pela qual se espera que os novos modelos de negócios sejam desenvolvidos (utilizando tecnologias digitais).

t) Competência: <u>Repensar</u> os produtos e serviços da empresa para promover sua <u>transformação digital</u>.

Inadequação: O verbo *"repensar"* não caracteriza uma competência individual, pois não expressa um desempenho explícito, concreto, que possa ser diretamente observado e avaliado em um contexto de trabalho. O termo *"transformação digital"*, embora esteja sendo bastante utilizado no meio organizacional, ainda se caracteriza como um conceito novo, que pode ser interpretado de várias maneiras, ganhando diferentes usos e conotações (automação de processos, adoção de novas tecnologias, estratégia de marketing digital, revisão de modelos de negócios etc). Enquanto não houver consenso sobre seu significado, é mais seguro evitá-lo na descrição de competências. Seria adequada a seguinte redação: *"Desenvolver novos produtos e serviços, utilizando tecnologias digitais".*

5.3 Exercício 3: Análise documental aplicada ao mapeamento de competências

Suponha que você esteja conduzindo, por meio de análise documental, o mapeamento de competências organizacionais e individuais relevantes para a Yzzzttt Seguros e Previdência.[1] Analise o conteúdo de trechos da estratégia corporativa (missão, visão de futuro, valores e objetivos estratégicos) da empresa, apresentada adiante, observando as orientações dispostas no tópico 2.2.1 (Capítulo 2) deste livro (análise documental). Com base em sua interpretação, identifique e descreva pelo menos cinco competências relevantes para que a Yzzzttt possa concretizar sua estratégia. Descreva no quadro abaixo as competências que você identificou como relevantes e, assinalando um "x" na coluna correspondente, classifique cada um delas como individual ou organizacional. Em seguida indique, assinalando um "x" na coluna correspondente, que elemento(s) da estratégia da empresa (missão, visão, valores e/ou objetivos) permitiu(ram) a você inferir a relevância da competência.

Competências Relevantes à Yzzzttt Seguros e Previdência

Competências Relevantes à Empresa	Categoria		Origem da Informação			
	Competência Organizacional	Competência Individual	Missão	Visão de Futuro	Valores	Objetivos Estratégicos

---

[1] Empresa e dados fictícios, criados apenas para fins didáticos deste exercício.

Lembre-se de que **competências organizacionais** representam expectativas (dos acionistas ou da sociedade, por exemplo) em relação ao desempenho da **empresa**, enquanto **competências individuais** representam expectativas da empresa em relação ao desempenho de seus **empregados**. A descrição de uma competência organizacional deve indicar, portanto, o que a empresa deve ser capaz de fazer no ramo em que atua, enquanto a descrição de uma competência individual representa um comportamento esperado do indivíduo, devendo indicar explicitamente o que o empregado deve ser capaz de realizar em seu trabalho.

Lembre-se também de que uma competência é descrita utilizando-se um **verbo** e um **objeto de ação**. Se for possível e conveniente, a descrição pode conter também **critérios** de qualidade ou quantidade e **condições** em que se espera que o desempenho ocorra, conforme discutido no tópico 2.1 (Capítulo 2) deste livro.

Estratégia da Yyzzzttt Seguros e Previdência

Missão

Disponibilizar seguros inovadores e adequados às necessidades de nossos clientes, de forma sustentável, visando agregar valor para acionistas e resguardar a estabilidade socioeconômica dos segurados.

Visão

Ser a melhor e maior seguradora da América Latina, reconhecida pela credibilidade, modernidade e excelência de seus produtos e serviços.

Valores

- Atuação proativa.
- Competência profissional como diferencial competitivo.
- Comunicação clara e precisa.
- Ética e integridade no relacionamento com todos os públicos.
- Excelência na prestação de serviços.
- Foco em resultados e em controles.
- Inovação em produtos de seguridade.
- Respeito aos diversos públicos de interesse e à cultura dos países em que atua.

- Sustentabilidade.
- Trabalho em equipe.

Objetivos Estratégicos
- Expandir seletivamente a atuação no mercado internacional de seguridade.
- Internacionalizar e valorizar sua marca, a fim de popularizá-la no exterior.
- Obter liderança na América Latina em todos os ramos de seguros em que atua.
- Aprimorar os controles internos, visando reduzir a exposição a riscos.
- Aprimorar práticas de gestão de pessoas, para elevar a satisfação dos empregados e ser listada entre as 100 melhores empresas para trabalhar no Brasil.
- Renovar o portfólio de produtos e serviços, ressaltando atributos de inovação, sustentabilidade e adequação às necessidades dos clientes.
- Aumentar a participação em vendas de seguros realizadas pela Internet.
- Fortalecer parcerias com bancos e financeiras, para distribuição de seguros por canais alternativos.
- Desenvolver e implementar novo modelo de segmentação de mercado.
- Desenvolver competências profissionais para ampliar a atuação no mercado de previdência complementar.
- Melhorar a satisfação da clientela e reduzir índices de reclamações na ouvidoria interna, em redes sociais e em órgãos de defesa do consumidor.
- Reduzir o prazo de atendimento às demandas de segurados em casos de sinistro.
- Elevar o retorno sobre o patrimônio líquido, por meio da fidelização e rentabilização de novos clientes e negócios.
- Consolidar e ampliar vantagens competitivas no mercado brasileiro e latino-americano de seguros.
- Desenvolver e implementar novos modelos de negócios e de interação com os clientes, utilizando canais digitais.

Apêndice: Exercícios e Gabaritos

> **Gabarito do Exercício 3:**
>
> Observe as competências mapeadas no quadro a seguir. Analisando o conteúdo da estratégia da empresa hipotética Yyzzzttt, é possível inferir que tais competências, entre outras, são relevantes para concretizar a estratégia da organização. Algumas dessas competências foram classificadas como organizacionais, posto que representam atributos ou desempenhos esperados da empresa, e não de seus empregados isoladamente. É o caso de "Gerenciar portfólio de produtos e serviços de seguridade, reforçando atributos de inovação, diferenciação em relação à concorrência, credibilidade e sustentabilidade", cujo exercício dependeria de contribuições e da atuação conjunta de diversas pessoas, equipes e unidades da empresa. Há, por outro lado, competências que foram classificadas como individuais, como é o caso de "Negociar a venda de seguros, argumentando de forma clara e convincente sobre os atributos do produto e da empresa", cujo exercício pode ser feito individualmente. Esta representa um atributo ou desempenho esperado de indivíduos (empregados da empresa).
>
> Vale destacar também que, conforme disposto no quadro a seguir, algumas competências foram mapeadas com base no conteúdo de diversos elementos da estratégia organizacional (missão, visão de futura, valores e objetivos). Outras, por sua vez, puderam ser inferidas a partir da interpretação de um ou outro elemento. Vejamos, por exemplo, a competência individual de "Comunicar-se em idioma estrangeiro com proficiência, oralmente e por escrito". Foi possível deduzir sua relevância para a empresa em razão de um valor organizacional (comunicação clara e precisa) e de três objetivos dispostos na estratégia da Yyzzzttt (expandir seletivamente a atuação no mercado internacional de seguridade; internacionalizar e valorizar sua marca, a fim de popularizá-la no exterior; e obter liderança na América Latina em todos os ramos de seguros em que atua). Ora, para expandir sua atuação no mercado internacional e internacionalizar a marca, é fundamental que os empregados da empresa sejam capazes de "comunicar-se em idioma estrangeiro". Raciocínio semelhante pode ser feito em relação ao objetivo estratégico de "Aprimorar práticas de gestão de pessoas, para elevar a satisfação dos empregados e ser listada entre as 100 melhores empresas para trabalhar no Brasil". Para atingir tal objetivo, é importante que a empresa seja capaz de "Formular e implementar políticas e processos de seleção, educação corporativa, avaliação de desempenho e recompensa integrados entre si e alinhados à estratégia organizacional", uma das competências organizacionais mapeadas no quadro a seguir.

Continuação (Gabarito do Exercício 3):

Competências Relevantes à Yyzzzttt Seguros e Previdência

Competências Relevantes à Empresa	Categoria		Origem da Informação			
	Competência Organizacional	Competência Individual	Missão	Visão de Futuro	Valores	Objetivos Estratégicos
Prestar atendimento aos clientes, com cordialidade e transparência, oferecendo-lhes produtos e serviços adequados às suas necessidades.	X	X	X	X	X	
Comunicar-se em idioma estrangeiro com proficiência, oralmente e por escrito.	X			X	X	
Estabelecer e gerenciar parcerias estratégicas com outras empresas, com ética e respeito aos interesses das partes, a fim de ampliar o uso de canais alternativos de distribuição de produtos.	X					X
Negociar a venda de seguros, argumentando de forma clara e convincente sobre os atributos do produto e da empresa.		X			X	X
Gerenciar portfólio de produtos e serviços de seguridade, reforçando atributos de inovação, diferenciação em relação à concorrência, credibilidade e sustentabilidade.	X		X	X	X	X
Desenvolver e executar estratégias mercadológicas, integrando diferentes ações e veículos de comunicação, visando à ampliação de negócios e à popularização da marca.	X				X	X
Verificar constantemente a conformidade dos processos sob sua responsabilidade, adotando ações para corrigir eventuais desvios.		X			X	X
Formular e implementar políticas e processos de seleção, educação corporativa, avaliação de desempenho e recompensa integrados entre si e alinhados à estratégia organizacional.	X				X	X

Nota: A relação de competências disposta na tabela acima não é exaustiva. Outras competências poderiam ser consideradas relevantes para a empresa.

5.4 Exercício 4: Análise do conteúdo de entrevistas

Suponha que você esteja conduzindo, por meio de entrevistas individuais, o mapeamento de competências relevantes para atendentes e vendedores de uma empresa. Durante essas entrevistas, você, atuando como entrevistador, formulou a questão abaixo a dois diretores da empresa. Você pretendia identificar, segundo a percepção dos diretores entrevistados, as competências individuais necessárias para que atendentes pudessem apresentar um ótimo desempenho no trabalho.

Questão formulada pelo entrevistador:

"No atual contexto da sua empresa, que competências individuais são necessárias para que atendentes e vendedores possam prestar um atendimento de excelência ao cliente?"

Em decorrência da pergunta que lhes foi formulada, os entrevistados apresentaram as respostas transcritas a seguir:

Resposta do Entrevistado 1:

"Há muitos atributos que considero essenciais. Primeiro, o empregado necessita conhecer bem as rotinas, os processos, produtos e serviços da empresa, para conseguir atender bem o cliente. Deve também ter clareza de que tipo de cliente ele atende e em que mercado ele está inserido. Fico preocupado quando percebo que boa parte de nossos atendentes não consegue prestar consultoria ao cliente. Vejo o atendimento como uma atividade de consultoria, no sentido de o empregado saber reconhecer as necessidades do cliente e identificar dentro do portfólio da empresa algo que possa satisfazer a essas necessidades. As expectativas de um cliente que possui renda de um salário mínimo são totalmente diferentes das de um executivo. Tem que saber reconhecer isso. Além disso, o comportamento do empregado tem que ser agradável para o cliente. Tem que ter simpatia e fazer o cliente sentir-se em casa. Eu invejo muito o diferencial de uma empresa de outro ramo, que presta um atendimento personalizado a seus clientes. Ainda bem que ela não é nossa concorrente. Acho que nossos empregados têm que fazer com que os clientes se sintam especiais em nossas lojas. Mesmo que o cliente ganhe pouco, esteja de camiseta, e não de terno, ele tem que se sentir especial. Considero isso muito importante."

Resposta do Entrevistado 2:

"Acho muito importante o empregado exercitar a empatia. Isso permite a ele perceber mais facilmente que tipo psicológico, que tipo de comportamento o cliente possui. Aí ele reconhece que tipo de tratamento e atitude o cliente espera dele. Cada cliente possui expectativas pessoais e espera do atendente um comportamento específico. Um cliente inseguro, por exemplo, provavelmente ficará satisfeito em reconhecer a segurança das informações prestadas pelo atendente. Exercitar essa empatia, colocar-se no lugar do cliente é muito importante. Isso requer do empregado flexibilidade para adotar o comportamento mais adequado para cada cliente. O profissional tem que ter, ainda, as informações necessárias ao bom atendimento. Não quero dizer que ele precise saber detalhadamente tudo sobre todos os produtos e serviços da empresa, mas, sim, saber encontrar as respostas que o cliente necessita. Não precisa ser um 'super-homem', que entende de tudo, mas tem que saber pesquisar, encontrar rapidamente as informações e respostas de que o cliente precisa. Além disso, cortesia e educação são fundamentais. Tem que demonstrar atenção e presteza. É importante ainda conhecer técnicas de negociação e conceitos de qualidade, para que ele possa negociar preços e condições de pagamento. O atendente necessita também conhecer a estrutura da empresa, para saber a função de cada unidade e identificar onde obter as informações de que necessita para o atendimento."

Enunciado: Analise atentamente as respostas dos entrevistados, procurando identificar no "discurso" deles competências individuais que eles consideram importantes. Indique pelo menos duas competências consideradas relevantes por cada um dos entrevistados. Lembre-se de que a descrição de uma competência individual representa um desempenho ou comportamento esperado, devendo indicar explicitamente o que o profissional deve ser capaz de fazer em seu trabalho. Esse desempenho deve ser descrito utilizando-se um **verbo** e um **objeto de ação**. Se for possível e conveniente, a descrição pode conter também **critérios** de qualidade ou quantidade e **condições** em que se espera que o desempenho ocorra, conforme discutido no tópico 2.1 (Capítulo 2) deste livro.

Apêndice: Exercícios e Gabaritos

Gabarito do Exercício 4:

Analisando o conteúdo da resposta do **Entrevistado 1**, é possível inferir que ele considera importantes as seguintes competências:

a) Prestar consultoria ao cliente, ajudando-o na escolha do produto ou serviço que melhor atenda às suas necessidades.

Perceba que nessa descrição há um verbo (*"prestar"*) e um objeto de ação (*"consultoria"*), que caracterizam um desempenho explícito, passível de observação no contexto de trabalho. Há também uma condição que especifica a forma pela qual se espera que essa consultoria seja prestada (ajudando o cliente na escolha do produto mais adequado).

Estes elementos foram explicitamente mencionados pelo entrevistado. Observe na resposta dele os trechos sublinhados a seguir: "*o empregado necessita conhecer bem as rotinas, os processos, produtos e serviços da empresa, para conseguir atender bem o cliente. [...] Fico preocupado quando percebo que boa parte de nossos atendentes não consegue prestar consultoria ao cliente. Vejo o atendimento como uma atividade de consultoria, no sentido de o empregado saber reconhecer as necessidades do cliente e identificar dentro do portfólio da empresa algo que possa satisfazer a essas necessidades.*"

É bom destacar que, ao analisar o conteúdo desse trecho, muitos tendem erroneamente a descrever a competência como "*conhecer processos, produtos e serviços da empresa*", conforme mencionado pelo entrevistado. Lembre-se de que, para descrição de competências, é inadequado o uso de verbos como *conhecer, pensar, refletir* e *compreender*, entre outros, porque estes representam estados abstratos, e não comportamentos ou desempenhos explícitos, que possam ser direta e objetivamente observados em um contexto de trabalho. Se você incorreu neste equívoco, releia atentamente o tópico 2.1 (Capítulo 2) deste livro, para recapitular os deslizes que devemos evitar na descrição de competências.

b) Atender o cliente de forma personalizada, com cortesia e sem discriminação.

Perceba que nessa descrição há um verbo (*"atender"*) e um objeto (o cliente), que caracterizam um desempenho explícito, passível de observação no contexto de trabalho. Há também dois critérios de qualidade (de forma personalizada e com cortesia) e uma condição (sem discriminação), que especificam a forma pela qual se espera que esse atendimento seja prestado.

Estes elementos foram implícita ou explicitamente mencionados pelo entrevistado, conforme é possível observar nos seguintes trechos sublinhados da resposta dele: "*Além disso, o comportamento do empregado tem que ser agradável para o cliente. Tem que ter simpatia e fazer o cliente sentir-se em casa. Eu invejo muito o diferencial de uma empresa de outro ramo, que presta um atendimento personalizado a seus clientes. Ainda bem que ela não é nossa concorrente. Acho que nossos. empregados têm que fazer com que os clientes se sintam especiais em nossas lojas. Mesmo que o cliente ganhe pouco, esteja de camiseta, e não de terno, ele tem que se sentir especial.*"

Perceba que os termos *"cortesia"* e *"sem discriminação"*, utilizados para descrever a competência, não foram explicitamente citados pelo entrevistado, mas a análise do conteúdo de sua resposta nos permite inferir que ele considera tais aspectos importantes. A *"cortesia"* não é um atributo relevante para que os clientes se sintam *"em casa"* e *"especiais"*? É muito provável que sim. Atender adequadamente o cliente, mesmo que ele *"ganhe pouco"* ou *"esteja de camiseta"* significa não discriminá-lo em função de sua classe social ou vestimenta, o que justifica o uso da condição *"sem discriminação"*.

Analisando o conteúdo da resposta do **Entrevistado 2**, por sua vez, é possível inferir que ele considera importantes, entre outras, as seguintes competências:

a) **Analisar as características do cliente, visando identificar a melhor forma de atendê-lo.**

b) **Localizar rapidamente as informações de que o cliente necessita.**

c) **Negociar preços e condições de pagamento, com cortesia, procurando conciliar expectativas do cliente e da empresa.**

Perceba que nessas descrições há verbos que representam ações explícitas (analisar, localizar e negociar) e objetos de ação (características do cliente, informações, preços e condições de pagamento, respectivamente). Há também condições ou critérios, como *"rapidamente"*, por exemplo, que especificam a forma pela qual se espera que o desempenho ocorra.

Veja que estes elementos foram mencionados pelo entrevistado, conforme trechos sublinhados na resposta dele: "*Acho muito importante o empregado exercitar a empatia. Isso permite a ele perceber mais facilmente que tipo psicológico, que tipo de comportamento o cliente possui. Aí ele reconhece que tipo de tratamento e atitude o cliente espera dele. Cada cliente possui expectativas pessoais e espera do atendente um comportamento específico. Um cliente inseguro, por exemplo, provavelmente ficará satisfeito em reconhecer a segurança das informações prestadas pelo atendente. Exercitar essa empatia, colocar-se no lugar do cliente é muito importante. Isso requer do empregado flexibilidade para adotar o comportamento mais adequado para cada cliente. O profissional tem que ter, ainda, as informações necessárias ao bom atendimento. Não quero dizer que ele precise saber detalhadamente tudo sobre todos os produtos e serviços da empresa, mas, sim, saber encontrar as respostas que o cliente necessita. Não precisa ser um 'super-homem', que entende de tudo, mas tem que saber pesquisar, encontrar rapidamente as informações e respostas de que o cliente precisa. Além disso, cortesia e educação são fundamentais. Tem que demonstrar atenção e presteza. É importante ainda conhecer técnicas de negociação e conceitos de qualidade, para que ele possa negociar preços e condições de pagamento. O atendente necessita também conhecer a estrutura da empresa, para saber a função de cada unidade e identificar onde obter as informações de que necessita para o atendimento.*"

Apêndice: Exercícios e Gabaritos

● 5.5 Exercício 5: Análise do conteúdo de grupo focal

Suponha que você esteja conduzindo, por meio de um grupo focal, o mapeamento de competências relevantes para professores de cursos de especialização de uma instituição de ensino superior. O diretor da escola desejava aprimorar os processos de seleção e avaliação do desempenho dos professores, a fim de melhorar a qualidade dos cursos que oferece. Solicitou então sua ajuda para mapear competências necessárias ao desempenho eficiente dessa função, para que posteriormente tais competências pudessem orientar os processos de gestão de pessoas da instituição.

Com base na demanda que lhe foi designada pelo diretor, você optou por realizar um grupo focal com seis profissionais: dois coordenadores de cursos de especialização da escola, escolhidos entre aqueles com maior experiência e cujos cursos coordenados estavam entre os mais bem avaliados da escola; dois professores desses cursos, escolhidos entre os que tinham melhor desempenho nas avaliações realizadas pela escola; e outros dois professores, escolhidos por terem sido homenageados pelos alunos em cerimônias de formatura do ano anterior.

Durante o grupo focal, você, atuando como moderador, apresentou três questões a serem discutidas, seguindo um roteiro preestabelecido, com o propósito de identificar, segundo a percepção dos participantes, as competências individuais necessárias para que professores de cursos de especialização pudessem apresentar um ótimo desempenho no trabalho.

Enunciado: Analise atentamente o conteúdo da discussão realizada no grupo focal – que se encontra transcrita adiante –, procurando identificar as competências individuais que os participantes consideram importantes. Descreva, no quadro apresentado a seguir, pelo menos cinco competências consideradas relevantes pelos entrevistados. Em seguida, ainda nesse quadro, indique, à direita de cada competência, a frequência absoluta e a frequência relativa com que foram mencionadas no grupo focal, ou seja, a quantidade e o percentual de participantes que indicaram a competência como relevante. Lembre-se de que a descrição de uma competência individual representa um desempenho ou comportamento esperado, devendo indicar explicitamente o que o profissional deve ser capaz de fazer em seu trabalho. Esse desempenho deve ser descrito utilizando-se um **verbo** e um **objeto de ação**. Se for possível e conveniente, a descrição pode conter também **critérios** de qualidade ou quantidade e **condições** em que se espera que o desempenho ocorra, conforme discutido no tópico 2.1 (Capítulo 2) deste livro.

Utilize o quadro a seguir para descrever as competências que você identificou como relevantes.

Competências relevantes ao desempenho do professor:

Descrição da Competência	Frequência Absoluta	Frequência Relativa

Nota: A frequência absoluta e a frequência relativa dizem respeito, respectivamente, à quantidade e ao percentual de participantes do grupo focal que fizeram menção à determinada competência.

Transcrição de alguns trechos da discussão realizada no grupo focal:[II]

Moderador: *"Para ter bom desempenho em sala de aula, o professor deve possuir que competências?"*

Participante 1 (professor): Acho que o professor deve saber planejar, estruturar bem a disciplina que irá ministrar. Isso implica descrever os objetivos educacionais, definir conteúdos necessários para atingir esses objetivos e escolher as estratégias e recursos educacionais mais adequados para o ensino desses conteúdos.

[II] Conteúdo hipotético, elaborado apenas para fins didáticos deste exercício.

Participante 2 (coordenador): Concordo com o *Participante 1*. Essa capacidade é fundamental. Às vezes vejo que alguns professores não definem claramente, em seu plano de aula, os objetivos da disciplina e ainda adotam estratégias educacionais que julgo inadequadas para o perfil da turma. Alguns fazem pior: pela ausência de planejamento prévio, preferem abordar temas de seu interesse pessoal em sala de aula, sem que tenham qualquer relação com os objetivos da disciplina.

Participante 3 (professor): Talvez essa questão até seja relevante, mas na minha opinião o que realmente importa é a didática do professor. De nada adianta planejar bem, se o professor não for capaz de executar adequadamente esse planejamento. Acho que o professor tem que ser capaz de expor os conteúdos, de forma didática, clara e objetiva. É importante também que essa exposição seja participativa, que ele dê aos alunos a oportunidade de questionar, debater, apresentar exemplos. Assim, as aulas se tornam mais ricas e proveitosas para os alunos. Quando participam ativamente, é mais provável que os alunos consigam compreender e reter os conhecimentos e habilidades que foram ministrados.

Participante 4 (professor): Acho que não é possível prescindir de nenhum desses dois aspectos. De pouco adianta o professor ser capaz de planejar bem a disciplina, se não souber executar adequadamente, com didática, aquilo que planejou. De outro lado, ainda que exponha conteúdos com excelente didática, o professor não terá êxito se não planejar, estruturar previamente seu plano de aula. Se ele não define claramente o que os alunos precisam aprender, ou seja, se não sabe precisamente aonde seu ensino deve levar, é pouco provável que sua didática seja realmente eficaz.

Moderador: *O que vocês acham?* – dirigindo-se aos participantes 5 e 6.

Participante 5 (coordenador): Concordo com o *Participante 4*: essas duas competências (planejar e ensinar) são igualmente importantes.

Participante 6 (professor): Eu gostaria de ressaltar a importância de outro aspecto: a necessidade de o professor acompanhar a evolução da turma. Para ter bom desempenho, o professor precisa ser capaz de monitorar continuamente a aprendizagem da turma, para certificar-se de que os alunos estão compreendendo e retendo os conteúdos ministrados. Se não houve compreensão do conteúdo anterior, é pouco provável que os alunos consigam absorver os conteúdos seguintes, em geral de maior complexidade. Tem que acompanhar e, se for o caso, voltar, explicar novamente, dar exemplos ilustrativos, perguntar, até ter certeza de que houve compreensão. É importante também que as estratégias educacionais adotadas sejam adequadas às características dos alunos. Por exemplo: se em uma turma os alunos são inexperientes profissionalmente, jovens, recém-formados e possuem pouca prática organizacional, tenho que adotar estratégias de ensino bem diferentes daquelas que adotaria caso os participantes fossem maduros e tivessem vasta experiência profissional. Uma estratégia de ensino-aprendizagem não é necessariamente boa ou ruim, mas, sim, adequada ou inadequada às características e necessidades dos aprendizes.

Moderador: *Por falar nos alunos, o que vocês acham que eles valorizam no comportamento do professor?*

Participante 6 (professor): Acho importante o professor demonstrar cumplicidade, preocupação com a turma. Os alunos reconhecem quando o professor está genuinamente preocupado, interessado em contribuir para o desenvolvimento deles. Isso é o que dá sentido ao nosso trabalho. Quando a dedicação e a preocupação do professor são evidentes, o aluno legitima e valoriza as orientações e ensinamentos que recebe. Quando isso ocorre, ainda que receba uma nota ruim ou seja reprovado, o aluno tende a reconhecer como legítima a avaliação do professor e a entender que a decisão baseou-se no interesse do professor em ajudá-lo a superar uma eventual deficiência.

Participante 3 (professor): Na minha opinião, os alunos valorizam o professor que se apresenta com humildade. Às vezes percebo que alguns colegas não agem assim. Utilizam seu título (de mestrado ou doutorado) para sobrepor suas proposições às dos alunos. Ao invés de argumentarem de maneira convincente, humilde, participativa, defendendo suas ideias com fatos, princípios e exemplos, preferem agir com arrogância, desqualificando e censurando a opinião dos alunos. Os alunos detestam essa postura.

Participante 1 (professor): Concordo com o *Participante 3*. Tem professor que se posiciona numa condição de superioridade em relação aos alunos, de arrogância, como se tivesse uma verdade absoluta. Acho que, para obter o interesse e o respeito do aluno, tem que se colocar no mesmo patamar do aluno, atuando como um mediador, um facilitador da aprendizagem, dentro de uma perspectiva construtivista. O professor precisa reconhecer que os outros podem saber mais, que não há uma verdade absoluta e que é importante respeitar as opiniões dos outros, ainda que sejam contrárias às suas.

Participante 5 (coordenador): Olha, para mim isso é relativo. O professor tem mesmo é que ter domínio do conteúdo que ensina, segurança sobre os assuntos que aborda. Do contrário, não terá respeito dos alunos. Estou cansado de receber alunos reclamando que seus professores são fracos, não dominam plenamente o conteúdo ministrado, e, por isso, sequer conseguem argumentar quando confrontados com opiniões divergentes.

Participante 2 (coordenador): Concordo com o *Participante 5*. Claro que é necessário respeitar a opinião dos alunos, mas o professor não pode se eximir de ensinar adequadamente o conteúdo que está sob sua responsabilidade, demonstrando segurança, domínio dos argumentos que usa. Os alunos valorizam muito isso.

Participante 4 (professor): Outro aspecto muito valorizado pelos alunos é o relacionamento interpessoal. O professor tem que ser cordial, prestativo, educado, bem como utilizar uma linguagem acessível aos alunos e apresentar exemplos ilustrativos que sejam mais próximos dos interesses e da realidade deles. Eles valorizam isso.

Moderador: *E o diretor da escola? O que ele valoriza no desempenho do professor?*

Participante 5 (coordenador): Certamente o cumprimento de horários e demais compromissos acadêmicos. Vez ou outra deparo com ele reclamando de professores que se atrasam com frequência, faltam a reuniões, não corrigem provas e trabalhos nos prazos estabelecidos. De outro lado, ele elogia aqueles que agem com correção, respeitando compromissos, normas e prazos.

Participante 1 (professor): Isso de fato representa uma expectativa dele em relação ao nosso desempenho. Eu acrescentaria apenas que não é uma questão apenas de respeito aos prazos acordados, mas também de qualidade do trabalho. Tem professor que corrige prova e trabalho de qualquer jeito, muitas vezes nem lê. É só para cumprir o prazo de lançamento das notas. Restringe-se então a atribuir a nota e registrar apenas um "Muito Bem! Parabéns!" no trabalho ou prova. Para mim, isso não é *feedback*, pois não explicita clara e precisamente o que há de bom ou ruim no trabalho, certo ou errado na prova, ou ainda o que poderia ser aprimorado pelo aluno. A correção feita pelo professor precisa trazer uma contribuição à aprendizagem e ao aprimoramento do aluno.

Participante 3 (professor): Concordo com o *Participante 1*. O professor tem que ser capaz de orientar, acompanhar e oferecer *feedback* aos alunos. A correção de provas e trabalhos constitui ótima oportunidade para exercitar isso. Quando o professor identifica os eventuais equívocos cometidos pelo aluno e aponta o que seria correto e caminhos para o aprimoramento do aluno, está de fato contribuindo para otimizar a aprendizagem.

Participante 4 (professor): Também concordo. Esses aspectos são realmente importantes para que os instrumentos e práticas de avaliação da aprendizagem tenham também caráter formativo, e não apenas corretivo.

Participante 2 (coordenador): Outro aspecto importante diz respeito ao registro correto e tempestivo de notas e frequências dos alunos. Tem professor que encerra a disciplina e leva semanas para registrar as notas dos alunos. Isso irrita o diretor, pois enseja reclamações dos alunos e a exposição da escola a riscos legais.

Participante 6 (professor): O diretor valoriza também a produção acadêmica dos professores. A publicação de livros, capítulos de livros e artigos em revistas acadêmicas ou especializadas traz notoriedade ao professor, com reflexos positivos sobre a imagem da escola e sobre as avaliações que o Ministério da Educação realiza.

Apêndice: Exercícios e Gabaritos

Gabarito do Exercício 5:

Analisando o conteúdo das respostas dos participantes do grupo focal, é possível inferir que são relevantes as seguintes competências individuais:

Competências relevantes ao desempenho do professor:

Descrição da Competência	Frequência Absoluta	Frequência Relativa	Participantes do Grupo
Elaborar planos de ensino, estabelecendo conteúdos e estratégias de ensino-aprendizagem adequados aos objetivos educacionais e ao perfil dos alunos.	4	66,7%	1, 2, 4 e 5
Expor oralmente conteúdos previstos no plano de aula, de forma didática, clara e objetiva.	3	50,0%	3, 4 e 5
Auxiliar o aluno a superar eventuais deficiências, oferecendo orientações e avaliações construtivas para promover seu aprimoramento.	3	50,0%	3, 4 e 6
Apresentar argumentos, de forma convincente, demonstrando domínio sobre os temas abordados.	3	50,0%	2, 3 e 5
Debater fatos e princípios, respeitando as opiniões dos alunos.	3	50,0%	1, 2 e 3
Executar atividades acadêmicas, com assiduidade, respeitando compromissos, normas e prazos.	2	33,3%	1 e 5
Registrar correta e tempestivamente as notas e frequências dos alunos.	1	16,7%	2
Esclarecer dúvidas da turma, com presteza e cordialidade, utilizando linguagem acessível aos alunos.	1	16,7%	4
Monitorar o nível de aprendizagem da turma, certificando-se periodicamente de que os alunos compreenderam os conteúdos ministrados.	1	16,7%	6
Identificar estratégias de ensino-aprendizagem adequadas às características e necessidades dos alunos.	1	16,7%	6
Redigir textos acadêmicos, visando publicá-los sob a forma de livros ou artigos.	1	16,7%	6

Nota: A frequência absoluta e a frequência relativa dizem respeito, respectivamente, à quantidade e ao percentual de participantes do grupo focal que fizeram menção a determinada competência.

> Perceba que as competências relacionadas na tabela anterior não estão necessariamente na mesma ordem com que foram mencionadas durante a realização do grupo focal. Estas foram ordenadas em razão de sua frequência, colocando-se primeiro as competências que foram mencionadas por número maior de participantes. Essa disposição facilita a análise dos resultados porque, pelo menos em tese, as competências mencionadas com mais frequência possuem maior importância relativa.
>
> Note também que cada competência foi descrita com o uso de um verbo (elaborar, expor, auxiliar, por exemplo) e um objeto de ação (planos de ensino, conteúdos e alunos, por exemplo), que caracterizam um desempenho explícito, passível de observação no contexto de trabalho. Algumas possuem também condições que especificam a forma pela qual a competência deve ser exercida (utilizando linguagem acessível aos alunos, por exemplo) e critérios (cordialidade, assiduidade e tempestividade, por exemplo). Em sua redação foram observadas, portanto, as orientações dispostas no tópico 2.1 (Capítulo 2) deste livro.

5.6 Exercício 6: Elaboração de questionários estruturados

Formule um questionário semiestruturado, utilizando uma escala de avaliação tipo Likert, a fim de identificar o grau de importância das competências mapeadas por você no Exercício 5 (análise de conteúdo do grupo focal).

Lembre-se de que um questionário semiestruturado de mapeamento de competências deve dispor dos seguintes elementos: (a) apresentação, onde deve ser descrito o objetivo do instrumento e solicitada a colaboração do respondente; (b) enunciados com orientações acerca do preenchimento e devolução do questionário; (c) os itens a serem respondidos, ou seja, as competências a serem avaliadas, as quais devem ser numeradas sequencialmente em algarismos arábicos; (d) questão aberta que permita ao respondente sugerir outras competências que julgue importantes; (e) campos para coleta de dados biográficos do respondente (gênero, idade, grau de escolaridade e função exercida, por exemplo), os quais também devem ser numerados sequencialmente em algarismos arábicos.

Lembre-se também que, partindo das competências identificadas no Exercício 5, seu questionário terá como objetivo identificar o grau de importância das competências para o desempenho de professores de cursos de especialização de uma instituição de ensino superior. O público-alvo (respondentes) a que se destina o questionário, portanto,

Apêndice: Exercícios e Gabaritos

é composto justamente por professores, coordenadores e alunos de uma instituição de ensino hipotética.

Para formular seu questionário, procure seguir atentamente as orientações e exemplos dispostos no tópico 2.2.4 (Questionário), no Capítulo 2 deste livro.

Gabarito do Exercício 6

Local e Data.

Prezado(a) Sr(a),

Este questionário tem o propósito de identificar, segundo a sua percepção, a importância de algumas competências para que professores de cursos de especialização apresentem ótimo desempenho no trabalho. Trata-se de levantamento conduzido pela unidade de Gestão de Pessoas desta instituição de ensino, visando subsidiar o desenvolvimento de ações, em especial de capacitação, para aprimorar a atuação dos professores.

Pedimos sua colaboração no sentido de respondê-lo. Não é necessário identificar-se. Sua resposta é anônima, mas é fundamental que ela reflita exatamente sua percepção. Não existem respostas certas ou erradas. Tudo que desejamos é conhecer sua opinião.

As instruções para resposta estão dispostas a seguir. Depois de responder, por favor, deposite o questionário na caixa de coleta instalada na secretaria. Sua participação é muito importante!

Agradecemos antecipadamente o seu apoio e colocamo-nos à disposição pelo telefone yyyy-yyyy ou pelo *e-mail* pesquisa@rhrhrh para qualquer esclarecimento necessário.

    Atenciosamente,

                        Prof. Fulano de Tal

                        Coordenador de Gestão de Pessoas

São apresentadas, a seguir, competências que podem ou não ser relevantes para o desempenho de professores de cursos de especialização. Por favor, leia atentamente tais competências e assinale um número de 1 a 5, à direita de cada item, utilizando a seguinte escala para indicar o quão importante você considera cada competência:

    1 = Nem um pouco importante
    2 = Pouco importante
    3 = Medianamente importante
    4 = Muito importante
    5 = Extremamente importante

Competências	Grau de Importância
1. Elaborar planos de ensino, estabelecendo conteúdos e estratégias de ensino-aprendizagem adequados aos objetivos educacionais e ao perfil dos alunos.	① ② ③ ④ ⑤
2. Expor oralmente conteúdos previstos no plano de aula, de forma didática, clara e objetiva.	① ② ③ ④ ⑤
3. Auxiliar o aluno a superar eventuais deficiências, oferecendo orientações e avaliações construtivas para promover seu aprimoramento.	① ② ③ ④ ⑤
4. Apresentar argumentos, de forma convincente, demonstrando domínio sobre os temas abordados.	① ② ③ ④ ⑤
5. Debater fatos e princípios, respeitando as opiniões dos alunos.	① ② ③ ④ ⑤
6. Executar atividades acadêmicas, com assiduidade, respeitando compromissos, normas e prazos.	① ② ③ ④ ⑤
7. Registrar correta e tempestivamente as notas e frequências dos alunos.	① ② ③ ④ ⑤
8. Esclarecer dúvidas da turma, com presteza e cordialidade, utilizando linguagem acessível aos alunos.	① ② ③ ④ ⑤
9. Monitorar o nível de aprendizagem da turma, certificando-se periodicamente de que os alunos compreenderam os conteúdos ministrados.	① ② ③ ④ ⑤
10. Identificar estratégias de ensino-aprendizagem adequadas às características e necessidades dos alunos.	① ② ③ ④ ⑤
11. Redigir textos acadêmicos, visando publicá-los sob a forma de livros ou artigos.	① ② ③ ④ ⑤

12. *Além das competências dispostas nos itens anteriores deste questionário, há alguma outra que você considera importante? Se sim, por favor, descreva tal(is) competência(s) no campo a seguir:*

_____
_____
_____
_____
_____

Por favor, informe seus dados pessoais a seguir, assinalando com um X a resposta que representa sua situação atual ou completando as lacunas com as informações solicitadas:

13. Sexo:
    ( ) Masculino
    ( ) Feminino

14. Atua nesta instituição de ensino como:

   ( ) Aluno de curso de especialização

   ( ) Professor de curso de especialização

   ( ) Coordenador de cursos

   ( ) Diretor

15. Sua idade: _____ anos.

16. Nível de escolaridade que você possui:

   ( ) Graduação concluída

   ( ) Pós-graduação *lato sensu* (especialização) concluída

   ( ) Pós-graduação *stricto sensu* (mestrado ou doutorado) concluída

17. Curso do qual você é aluno, professor ou coordenador:

   ( ) Especialização em Marketing

   ( ) Especialização em Gestão de Pessoas

   ( ) Especialização em Finanças

   ( ) Especialização em Gestão Empresarial

   ( ) Especialização em Logística

   ( ) Outro: _____.

5.7 Exercício 7: Análises descritivas de dados quantitativos

Suponha que você tenha aplicado o questionário do Exercício 6 anterior em uma amostra de doze respondentes. Para cada uma das onze competências dispostas nesse questionário, os respondentes assinalaram um grau de importância, variando de 1 (nem um pouco importante) a 5 (extremamente importante).

Imagine também que você tenha tabulado as respostas utilizando uma planilha eletrônica, conforme tabela disposta a seguir. Perceba que, seguindo as orientações disponíveis no tópico 2.2.4 (Questionário), no Capítulo 2 deste livro, você dispôs os doze respondentes nas linhas da planilha, numerados sequencialmente de 1 a 12, enquanto os itens (competências avaliadas) do questionário foram dispostos nas colunas da planilha e numerados de 1 a 11. As respostas do Respondente 1 às onze competências do questionário foram então digitadas na Linha 1, as do Respondente 2, na segunda linha, e assim sucessivamente até a Linha 12 (último sujeito da amostra):

Tabulação de dados coletados por meio de questionário.

Respondentes	Itens do Questionário (Competências Avaliadas)										
	1	2	3	4	5	6	7	8	9	10	11
1	2	5	4	4	3	4	3	5	4	4	2
2	3	5	5	5	4	3	4	4	5	4	3
3	4	5	4	5	4	4	4	5	4	4	3
4	3	4	5	5	5	4	4	4	5	4	4
5	2	5	5	4	4	5	5	5	5	4	3
6	2	4	3	3	4	3	3	5	4	5	1
7	3	4	4	4	3	4	4	5	4	4	3
8	4	5	4	5	4	5	5	5	5	5	5
9	5	5	5	5	4	4	4	4	4	5	3
10	4	5	5	4	4	4	5	4	5	5	2
11	5	5	4	5	3	3	4	5	5	5	3
12	3	4	3	5	3	4	3	4	3	3	1

Nota: dados hipoteticamente coletados por questionário com onze itens (competências avaliadas) em uma amostra de doze sujeitos, com a utilização de uma escala de cinco intervalos, que variava de 1 (competência nem um pouco importante) a 5 (competência extremamente importante).

Suponha ainda que sua amostra de doze respondentes tivesse, entre outras características, as seguintes: em relação ao gênero, havia sete homens e cinco mulheres; no que se refere ao papel desempenhado, a amostra tinha quatro alunos, cinco professores, dois coordenadores e um diretor; em relação ao nível de escolaridade, havia três respondentes graduados, dois especialistas e sete com mestrado ou doutorado.

Enunciado: para analisar os dados, execute os seguintes procedimentos:

a) extraia a média aritmética das respostas a cada item (competência) do questionário;

b) extraia o desvio-padrão das respostas a cada item (competência) do questionário;
c) disponha a média aritmética e o desvio-padrão de cada competência em uma tabela, ordenando as competências segundo sua média aritmética (da competência com maior média para a menor média);
d) formule uma tabela para descrever as principais características da amostra de respondentes (gênero, papel desempenhado e nível de escolaridade), indicando a frequência absoluta (número de respondentes) e a frequência relativa (percentual de respondentes) em relação a cada aspecto;
e) interprete os resultados.

Observação: as planilhas eletrônicas (*Excel*®, por exemplo) e aplicativos estatísticos (*SPSS*®, por exemplo) já possuem funções específicas para cálculo da média aritmética e do desvio-padrão. Caso você prefira, no entanto, realizar manualmente o cálculo desses dois índices, utilize as seguintes fórmulas:[100]

Média aritmética ($\overline{X}$):

$$\overline{X} = \frac{\Sigma X}{n}$$

Onde: $\overline{X}$ = média aritmética

ΣX = soma das respostas (escores) atribuídas a um mesmo item

n = número total de respondentes (igual a 12, no caso deste exercício)

Desvio-padrão (σ):

$$\sigma = \sqrt{\frac{\sum_{i=1}^{n}(X_i - \overline{X})^2}{n-1}}$$

Onde: σ = desvio-padrão

$\Sigma(X_i - \overline{X})^2$ = soma dos quadrados dos desvios em relação à média aritmética

n = número total de respondentes (igual a 12, no caso deste exercício)

Apêndice: Exercícios e Gabaritos

Gabarito do Exercício 7

A média aritmética e o desvio-padrão das respostas a cada item (competência) do questionário podem ser visualizados na tabela a seguir. Perceba que as competências estão ordenadas segundo sua média aritmética, conforme solicitado na alínea "c" do enunciado do exercício.

Média e desvio-padrão das respostas a cada item (competência) do questionário.

Competências Avaliadas (Itens do Questionário)	Média Aritmética	Desvio-Padrão
2. Expor oralmente conteúdos previstos no plano de aula, de forma didática, clara e objetiva.	4,67	0,49
8. Esclarecer dúvidas da turma, com presteza e cordialidade, utilizando linguagem acessível aos alunos.	4,58	0,51
4. Apresentar argumentos, de forma convincente, demonstrando domínio sobre os temas abordados.	4,50	0,67
9. Monitorar o nível de aprendizagem da turma, certificando-se periodicamente de que os alunos compreenderam os conteúdos ministrados.	4,42	0,67
10. Identificar estratégias de ensino-aprendizagem adequadas às características e necessidades dos alunos.	4,33	0,65
3. Auxiliar o aluno a superar eventuais deficiências, oferecendo orientações e avaliações construtivas para promover seu aprimoramento.	4,25	0,75
7. Registrar correta e tempestivamente as notas e frequências dos alunos.	4,00	0,74
6. Executar atividades acadêmicas, com assiduidade, respeitando compromissos, normas e prazos.	3,92	0,67
5. Debater fatos e princípios, respeitando as opiniões dos alunos.	3,75	0,62
1. Elaborar planos de ensino, estabelecendo conteúdos e estratégias de ensino-aprendizagem adequados aos objetivos educacionais e ao perfil dos alunos.	3,33	1,07
11. Redigir textos acadêmicos, visando publicá-los sob a forma de livros ou artigos.	2,75	1,14

Nota: médias e desvios-padrão calculados a partir dos dados dispostos na tabela do enunciado do exercício: amostra de doze sujeitos e escala de cinco intervalos, variando de 1 (nem um pouco importante) a 5 (extremamente importante).

As médias aritméticas dispostas na tabela acima permitem inferir que a Competência 2 (*Expor oralmente conteúdos previstos no plano de aula, de forma didática, clara e objetiva*) foi considerada a mais importante (média = 4,67) pelos respondentes, uma vez que revelou a maior média. A Competência 8 (*Esclarecer dúvidas da turma, com presteza e cordialidade, utilizando linguagem acessível aos alunos*), por sua vez, foi considerada a segunda mais importante (média = 4,58), enquanto a Competência 11 (*Redigir textos acadêmicos, visando publicá-los sob a forma de livros ou artigos*) pode ser interpretada como a menos importante (média = 2,75), visto que obteve a menor média.

O desvio-padrão constitui uma medida de dispersão, ou seja, de variabilidade das respostas em torno da média. Quanto maior o desvio-padrão, maior a variabilidade das respostas. Em questionários de mapeamento de competências, como esse utilizado neste exercício, o desvio-padrão pode ser interpretado, *grosso modo*, como um indicador de consenso ou dissenso entre os respondentes em relação a cada competência avaliada. Quanto menor o desvio-padrão, menor a variabilidade, ou seja, mais homogêneas as respostas. Quanto maior for o desvio-padrão, por outro lado, maior a variabilidade das respostas, sugerindo a existência de certo dissenso entre os respondentes. Na tabela anterior, você pode observar que as competências avaliadas, em sua maioria, revelaram desvios-padrão inferiores a 0,75, o que, em uma escala de cinco intervalos (como a deste exercício), pode ser interpretado como pequena variabilidade das respostas em torno da média. Há duas competências (*1 – Elaborar planos de ensino, estabelecendo conteúdos e estratégias de ensino-aprendizagem adequados aos objetivos educacionais e ao perfil dos alunos; e 11 – Redigir textos acadêmicos, visando publicá-los sob a forma de livros ou artigos*), no entanto, que apresentaram desvios-padrão superiores a um, indicando razoável variabilidade nas respostas: alguns respondentes consideraram muito importantes essas duas competências, enquanto outros as classificaram como irrelevantes ou pouco importantes.

As principais características da amostra de respondentes (alínea "d" do exercício), por sua vez, podem ser visualizadas na tabela a seguir:

Características da amostra

Variável	Opções	Frequência Absoluta	Frequência Relativa
Gênero	Masculino	7	58,33%
	Feminino	5	41,67%
Atividade exercida	Aluno de curso de especialização	4	33,33%
	Professor de curso de especialização	5	41,67%
	Coordenador de cursos	2	16,67%
	Diretor	1	8,33%
Nível de escolaridade	Graduação	3	25,00%
	Pós-graduação *lato sensu* (especialização)	2	16,67%
	Pós-graduação *stricto sensu* (mestrado ou doutorado)	7	58,33%

Nota: conforme frequência absoluta mencionada no enunciado do exercício.

Perceba, pela tabela anterior, que os respondentes eram, em sua maioria, do gênero masculino (58,33%), atuavam como professores da instituição de ensino (41,67%) e tinham pós-graduação *stricto sensu* (58,33%).

5.8 Exercício 8: Observação aplicada ao mapeamento de competências

Organizações podem ser entendidas como unidades sociais intencionalmente constituídas para alcançar objetivos específicos. Nascemos, vivemos, somos educados e trabalhamos em organizações. Mesmo nas antigas civilizações, as organizações estavam presentes para coordenar o trabalho de grupamentos humanos, fossem eles religiosos, artísticos, políticos ou econômicos.

Enunciado: Identifique um filme ou vídeo, de sua preferência, que retrate situações vivenciadas em uma organização (de qualquer natureza). Assista ao filme escolhido, observando atentamente as ações empreendidas pelos personagens. Analise papéis exercidos, identifique comportamentos expressos pelos protagonistas e descreva-os sob a forma de competências individuais. Assim você estará, por meio de uma "observação não participante", mapeando as competências manifestas pelos personagens. Lembre-se de que a descrição de uma competência individual representa um desempenho ou comportamento esperado, devendo indicar explicitamente o que o indivíduo deve ser capaz de fazer. Esse desempenho deve ser descrito utilizando-se um **verbo** e um **objeto de ação**. Se for possível e conveniente, a descrição pode conter também **critérios** de qualidade ou quantidade e **condições** em que se espera que o desempenho ocorra, conforme discutido no tópico 2.1 (Capítulo 2) deste livro.

Para facilitar a realização deste exercício, são sugeridos a seguir dois filmes, mas você pode assistir a qualquer outro, de sua preferência, desde que este também retrate situações vivenciadas em uma organização, ou seja, em um grupamento humano intencionalmente constituído para atingir determinados objetivos.

Sugestão de Filme 1:

Título: *Stomp out loud*
Gênero: Musical
Produção: HBO
Duração: 50 min
Ano: 1997

Apêndice: Exercícios e Gabaritos

Sinopse: *Stomp* é um grupo de percussão nova-iorquino, que utiliza diferentes objetos ou materiais do cotidiano (latas de lixo, bolas de basquete, panelas, vassouras etc.) para produzir ritmos musicais. Este vídeo apresenta algumas *performances* do grupo, divididas em treze atos ou capítulos. Algumas foram gravadas durante apresentações do grupo em um teatro, enquanto outras foram filmadas em ruas de Nova York ou em cenários especificamente criados para as *performances*.

Orientações para realização do exercício: Assista ao quinto ato ou capítulo (*Basketballs*) do vídeo *Stomp out loud*. Trata-se de uma *performance* realizada com a utilização de bolas de basquete e sapateado, que possui cerca de três minutos de duração e se encontra aproximadamente aos 12 min 40 s do início do vídeo.

O grupo pode ser considerado uma "equipe de trabalho", visto que constitui uma unidade social intencionalmente formada para atingir objetivos específicos. Como uma organização social, possui objetivos e uma visão compartilhada por seus integrantes: a de produzir, em um espetáculo de ritmo, percussão e dança, uma *performance* surpreendente, admirada e reconhecida pela audiência.

Com base no trecho assistido do vídeo, procure **identificar e descrever as competências individuais (pelo menos três) expressas pelos integrantes do grupo**. Lembre-se de que as competências individuais devem ser descritas sob a forma de comportamentos passíveis de observação, representando um desempenho esperado, que indica explicitamente o que o profissional deve ser capaz de fazer. Esse desempenho deve ser descrito utilizando-se um **verbo** e um **objeto de ação**. Se for possível e conveniente, a descrição pode conter também **critérios** de qualidade ou quantidade e **condições** em que se espera que o desempenho ocorra, conforme discutido no tópico 2.1 (Capítulo 2) deste livro.

Sugestão de Filme 2:

Título: *Trem da vida* (*Train de vie*)
Gênero: Comédia dramática
Direção: Radu Mihaileanu
Distribuição: Versátil
Duração: 103 min
Ano: 1998

5

Apêndice: Exercícios e Gabaritos

Sinopse: Em 1941, um vilarejo na Europa Oriental recebe o alerta de que os nazistas estão chegando para deportar todos os judeus. Quem dá a notícia é Schlomo, o único capaz de sugerir uma saída: os próprios habitantes deveriam forjar um trem nazista, interpretando eles mesmos os alemães, o maquinista e os deportados. Antes da chegada dos verdadeiros nazistas, o trem parte com destino à Terra Prometida. Tudo vai conforme planejado, exceto pelo fato de que as encenações começam a ficar cada vez mais realistas. Os falsos nazistas se tornam mais autoritários; os deportados começam a tramar uma rebelião contra seus falsos algozes, e outros se declaram comunistas, querendo lutar contra fascistas, burgueses e imperialistas. Vencedor de vários prêmios em todo o mundo, *Trem da vida* permite ao expectador explorar diversas facetas do comportamento humano em uma organização social, entre elas a formulação de estratégias, o compartilhamento de objetivos, a identificação e o desenvolvimento de competências, o exercício da liderança e a aprendizagem no trabalho.

Orientações para realização do exercício: a Aldeia Judaica retratada em *Trem da vida* representa uma organização. Como unidade social, possuía um objetivo comum, ou seja, um desígnio a alcançar: o de fugir da perseguição nazista e chegar com vida e boa saúde à Terra Santa. Para atingir esse objetivo, os integrantes da comunidade tiveram que desenvolver e aplicar uma série de competências individuais. Com base no filme, **identifique e descreva a principal competência individual expressa por cada um dos seguintes personagens**: Rabi; Schlomo (o "louco"); Israel (primo do Rabi, escritor suíço); Yankélé (o contador); Mordéchai (o comandante do trem); Schtroul (o maquinista) e Grossman (o campeão de xadrez).

Lembre-se de que a descrição de uma competência individual representa um desempenho ou comportamento esperado, devendo indicar explicitamente o que o indivíduo deve ser capaz de fazer. Esse desempenho deve ser descrito utilizando-se um **verbo** e um **objeto de ação**. Se for possível e conveniente, a descrição pode conter também **critérios** de qualidade ou quantidade e **condições** em que se espera que o desempenho ocorra, conforme discutido no tópico 2.1 (Capítulo 2) deste livro.

Apêndice: Exercícios e Gabaritos

Gabarito do Exercício 8:

Opção 1 (vídeo do grupo *Stomp*): Analisando o quinto ato ou capítulo (*Basketballs*) do vídeo *Stomp out loud*, é possível inferir que os integrantes do *Stomp*, ao executarem essa *performance*, manifestaram, entre outras, as seguintes competências individuais:

- Manusear uma bola de basquete, com destreza, visando produzir sons ritmados.
- Realizar um sapateado de acordo com a coreografia definida pela equipe.
- Arremessar uma bola de basquete, de maneira precisa e sincronizada com outros integrantes da equipe.
- Executar uma composição rítmica, utilizando simultaneamente o sapateado e uma bola de basquete como instrumentos de percussão.

Note que, considerando a natureza do papel ocupacional exercido pelos integrantes do grupo, tais competências foram descritas utilizando-se verbos e objetos (manusear e arremessar bola de basquete, realizar sapateado), que exigem do indivíduo uma coordenação psicomotora / neuromuscular. A esses verbos e objetos foram acrescidos critérios de qualidade, como, por exemplo, destreza, precisão e sincronia.

Opção 2 (filme *Trem da vida*): Analisando os papéis exercidos pelos personagens do filme, é possível inferir que, para fugir da perseguição nazista e atingir o objetivo de chegar com vida e boa saúde à Terra Santa, os integrantes da Aldeia Judaica precisaram manifestar, entre outras, as seguintes competências individuais:

- **Rabi**: mobilizar pessoas em torno de objetivos comuns, estimulando a participação delas na tomada de decisões.
- **Schlomo** (o "louco"): formular estratégias inovadoras para a consecução dos objetivos da comunidade.
- **Israel** (o primo do Rabi): ensinar aos membros da comunidade o idioma, a cultura e a psicologia do povo alemão.
- **Yankélé** (o contador): controlar recursos e doações, registrando detalhadamente as entradas e saídas no livro-caixa.
- **Mordéchai** (o comandante do trem): interpretar (fingir ser) um oficial nazista, de forma convincente.
- **Schtroul** (o maquinista): conduzir uma locomotiva, orientando-se por um manual de instruções.
- **Grossman** (o campeão de xadrez): prever as movimentações dos alemães, visando elaborar estratégias de fuga.

Referências Bibliográficas

1. BRANDÃO, Hugo Pena; GUIMARÃES, Tomás de Aquino. Gestão de competências e gestão de desempenho: tecnologias distintas ou instrumentos de um mesmo constructo? **Revista de Administração de Empresas – RAE**, v. 41, n. 1, p. 8-15, 2001.

2. BRANDÃO, Hugo Pena; BORGES-ANDRADE, Jairo Eduardo. Causas e efeitos da expressão de competências no trabalho: para entender melhor a noção de competência. **Revista de Administração Mackenzie – RAM**, v. 8, n. 3, p. 32-49, 2007.

3. CARBONE, Pedro Paulo; BRANDÃO, Hugo Pena; LEITE, João Batista Diniz; VILHENA, Rosa Maria. **Gestão por competências e gestão do conhecimento**. 3. ed. Rio de Janeiro: Ed. Fundação Getulio Vargas – FGV, 2009.

4. PRAHALAD, C. K.; HAMEL, Gary. The core competence of the corporation. **Havard Business Review**, v. 68, n. 3, p. 79-91, 1990.

5. HEENE, Aimé; SANCHEZ, Ron (Org.). **Competence based strategic management**. Chichester, England: John Wiley & Sons, 1997.

6. DUTRA, Joel de Souza. **Competências**: conceitos e instrumentos para a gestão de pessoas na empresa moderna. São Paulo: Atlas, 2004.

7. RUAS, Roberto. Gestão por competências: uma contribuição à estratégia das organizações. In: RUAS, Roberto; ANTONELLO, Cláudia Simone; BOFF, Luiz Henrique (Org.). **Aprendizagem organizacional e competências**: os novos horizontes da gestão. Porto Alegre: Bookman, 2005. Cap. 2, p. 34-54.

8. BITENCOURT, Claudia Cristina; BARBOSA, Allan Claudius. A gestão de competências. In: BITENCOURT, Claudia Cristina (Org.). **Gestão contemporânea de pessoas**: novas práticas, conceitos tradicionais. Porto Alegre: Bookman, 2004. Cap. 12, p. 239-264.

9. BRANDÃO, Hugo Pena; ZIMMER, Marco Vinício; GUARÇONI, Carolina Pereira; MARQUES, Fernanda; VIANA, Helder; CARBONE, Pedro Paulo; ALMADA, Valéria Ferreira. Gestão de desempenho por competências: integrando a gestão por competências, o balanced scorecard e a avaliação 360 graus. **Revista de Administração Pública – RAP**, v. 42, n. 5, p. 875-898, 2008.

10. EBOLI, Marisa. **Educação corporativa no Brasil**: mitos e verdades. São Paulo: Editora Gente, 2004.

11. BAYMA, Fátima (Org.). **Educação corporativa**: desenvolvendo e gerenciando competências. São Paulo: Pearson Prentice Hall, 2004.

12. BRASIL. **Decreto nº 5.707, de 23 de fevereiro de 2006**. Institui a Política e as Diretrizes para o Desenvolvimento de Pessoal da Administração Pública Federal Direta, Autárquica e Fundacional. Brasília: Diário Oficial da União, 24 fev. 2006.

13. PIRES, Alexandre Kalil (Org.). **Gestão por competências em organizações de governo**. Brasília: Escola Nacional de Administração Pública – ENAP, 2005.

14. CARVALHO, Iêda Maria Vecchioni; PASSOS, Antônio Eugênio Valverde Mariani; SARAIVA, Suzana Barros Corrêa.

Recrutamento e seleção por competências. Rio de Janeiro: Ed. Fundação Getulio Vargas – FGV, 2008.

15. BRANDÃO, Hugo Pena. **Gestão baseada nas competências**: um estudo sobre competências profissionais na indústria bancária. Dissertação (Mestrado em Administração) – Universidade de Brasília – UnB, Brasília, 1999.

16. BRANDÃO, Hugo Pena. **Aprendizagem, contexto, competência e desempenho**: um estudo multinível. Tese (Doutorado em Psicologia do Trabalho e das Organizações) – Universidade de Brasília – UnB, Brasília, 2009.

17. HOUAISS, Antônio. **Dicionário da língua portuguesa**. Rio de Janeiro: Objetiva, 2001.

18. ISAMBERT-JAMATI, Viviane. O apelo à noção de competência na revista L´Orientation Scolaire et Profissionelle: da sua criação aos dias de hoje. In: ROPÉ, Françoise; TANGUY, Lucie (Org.). **Saberes e competências**: o uso de tais noções na escola e na empresa. Campinas: Papirus, 1997. Cap. 3, p. 103-133.

19. GONCZI, Andrew. Competency-based learning: a dubious past – an assured future? In: BOUD, David; GARRICK, John (Org.). **Understanding learning at work**. London: Routledge, 1999. Cap. 12, p. 180-196.

20. BRANDÃO, Hugo Pena. Aprendizagem e desenvolvimento de competências: conceitos, pressupostos e práticas. In: TARAPANOFF, Kira (Org.). **Aprendizado organizacional**: contextos e propostas. Curitiba: Editora Ibpex, 2011. v. 2, Cap. 3, p. 93-130.

21. DURAND, Thomas. L'alchimie de la compétence. **Revue Française de Gestion**, v. 127, n. 1, p. 84-102, 2000.

22. ZARIFIAN, Philippe. **Objectif compétence**: pour une nouvelle logique. Paris: Liaisons, 1999.

23. FREITAS, Isa Aparecida; BRANDÃO, Hugo Pena. Trilhas de aprendizagem como estratégia de TD&E. In: BORGES-ANDRADE, Jairo Eduardo; ABBAD, Gardênia; MOURÃO, Luciana (Org.). **Treinamento, desenvolvimento e**

educação em organizações e trabalho: fundamentos para a gestão de pessoas. Porto Alegre: Artmed/Bookman, 2006. Cap. 5, p. 97-113.

24. FLEURY, Afonso; FLEURY, Maria Tereza Lema. **Estratégias empresariais e formação de competências**: um quebra-cabeça caleidoscópico da indústria brasileira. São Paulo: Atlas, 2001.

25. BRANDÃO, Hugo Pena; PUENTE-PALACIOS, Katia Elizabeth; BORGES-ANDRADE, Jairo Eduardo. A análise multinível aplicada ao estudo da competência: em busca de uma compreensão mais integrada e abrangente sobre a noção de competência. In: ENCONTRO ANUAL DA ASSOCIAÇÃO NACIONAL DOS PROGRAMAS DE PÓS-GRADUAÇÃO EM ADMINISTRAÇÃO (EnANPAD), 32., 2008, Rio de Janeiro. **Anais...** Rio de Janeiro: Anpad, 2008.

26. BRANDÃO, Hugo Pena; BORGES-ANDRADE, Jairo Eduardo; FREITAS, Isa Aparecida de; VIEIRA, Fernanda Teles. Desenvolvimento e estrutura interna de uma escala de competências gerenciais. **Psicologia: Teoria e Pesquisa**, v. 26, n. 1, p. 43-54, 2010.

27. GILBERT, Thomas F. **Human competence**: engineering worthy performance. New York: McGraw-Hill Book Company, 1978.

28. LE BOTERF, Guy. **Compétence et navigation professionnelle**. Paris: Éditions d'Organisation, 1999.

29. GREEN, Paul C. **Building robust competencies**: linking human resource systems to organizational strategies. San Francisco: Jossey-Bass Publishers, 1999.

30. GUIMARÃES, Tomas de Aquino; BORGES-ANDRADE, Jairo Eduardo; MACHADO, Magali dos Santos; VARGAS, Miramar Ramos Maia. Forecasting core competencies in an R&D Environment. **R&D Management Review**, v. 31, n. 3, p. 249-255, 2001.

31. DENISI, Angelo S. Performance appraisal and performance management: a multilevel analysis. In: KLEIN, Katherine L.; KOZLOWSKI, Steve W. J. (Org.). **Multilevel theory, research and methods in organizations**: foundations, extensions and new directions. San Francisco: Jossey-Bass, 2000. Cap. 3, p. 121-156.

32. SIQUEIRA, Mirlene M. Matias. Medidas do comportamento organizacional. **Estudos de Psicologia**, v. 7, número especial, p. 11-18, 2002.

33. BARBOSA, Allan Claudius Queiroz; RODRIGUES, Marco Aurélio. Um olhar sobre os modelos de gestão de competências adotados por grandes empresas brasileiras. In: ENCONTRO ANUAL DA ASSOCIAÇÃO NACIONAL DE PÓS-GRADUAÇÃO E PESQUISA EM ADMINISTRAÇÃO (EnANPAD), 29., 2005, Brasília. **Anais...** Brasília: ANPAD, 2005.

34. WHIDDETT, Steve; HOLLYFORDE, Sarah. **The competencies handbook**. London: Institute of Personnel and Development, 1999.

35. BRANDÃO, Hugo Pena; BAHRY, Carla Patricia. Gestão por competências: métodos e técnicas para mapeamento de competências. **Revista do Serviço Público – RSP**, v. 56, n. 2, p. 179-194, 2005.

36. GUIMARÃES, Tomas de Aquino. Gestão do desempenho em organizações públicas descentralizadas. In: CONGRESSO INTERNACIONAL DO CLAD, 3., 1998, Madri. **Anais...**, Madri: Clad, 1998.

37. SONNENTAG, Sabine; NIESSEN, Cornelia; OHLY, Sandra. Learning at work: training and development. In: COOPER, Cary; ROBERTSON, Ivan. T. (Org.). **International Review of Industrial and Organizational Psychology**, v. 19, p. 249-289. London: John Wiley & Sons, 2004.

38. MAGER, Robert F. **A formulação de objetivos de ensino**. Porto Alegre: Globo, 1981.

39. MAGER, Robert F. **Preparing instructional objectives**: a critical tool in the development of effective instruction. Belmont (EUA): Fearon-Pitman Publishers, 1990.

40. JONES, Lee; FLETCHER, Clive. Self-assessment in a selection situation: an evaluation of different measuring approaches. **Journal of Occupational and Organizational Psychology**, v. 75, p. 145-161, 2002.

41. BRUNO-FARIA, Maria de Fátima; BRANDÃO, Hugo Pena. Gestão de competências: identificação de competências relevantes a profissionais da Área de T&D de uma organização pública do Distrito Federal. **Revista de Administração Contemporânea – RAC**, v. 7, n. 3, p. 35-56, 2003.

42. IENAGA, Celso H. **Competence Based Management**: Seminário Executivo. São Paulo: Dextron Consultoria Empresarial, 1998.

43. RICHARDSON, Roberto Jarry *et al*. **Pesquisa social**: métodos e técnicas. São Paulo: Atlas, 1999.

44. DENCKER, Ada Freitas Maneti; VIA, Sarah Chucid. **Pesquisa empírica em ciências humanas**: com ênfase em comunicação. São Paulo: Futura, 2001.

45. LUDKE, Menga; ANDRÉ, Marli E. D. A. **Pesquisa em educação**: abordagens qualitativas. São Paulo: EPU, 2001.

46. GDF – GOVERNO DO DISTRITO FEDERAL. Secretaria de Estado de Gestão Administrativa. **Plano Estratégico**. Brasília: GDF, 2001.

47. BARDIN. Laurence. **Análise de conteúdo**. Lisboa: Edições 70, 1979.

48. IPEA – INSTITUTO DE PESQUISAS ECONÔMICAS APLICADAS. **O Ipea: quem somos**. Disponível em: <http://www.ipea.gov.br>. Acesso em: 1º mar. 2017.

49. BRASIL. **Decreto nº 7.142, de 29 de março de 2010**. Dispõe sobre o Estatuto e o Quadro Demonstrativo dos Cargos em Comissão e das Funções Gratificadas do Instituto de Pesquisa Econômica Aplicada – IPEA. Brasília: Diário Oficial da União, 30 mar. 2010.

50. CAUDURO, Flávia Ferro. Competências organizacionais e gerenciais associadas à gestão de empresas de produção artística e cultural: um estudo exploratório. In: RUAS, Roberto; ANTONELLO, Cláudia Simone; BOFF, Luiz Henrique (Org.). **Aprendizagem organizacional e competências**: os novos horizontes da gestão. Porto Alegre: Bookman, 2005. Cap. 8, p. 150-165.

51. RIBEIRO, Lore Mânica; GUIMARÃES, Tomas de Aquino. Competências organizacionais e humanas de uma organização financeira estatal: o ponto de vista de seus gerentes. In: ENCONTRO ANUAL DA ASSOCIAÇÃO NACIONAL DE PÓS-GRADUAÇÃO E PESQUISA EM ADMINISTRAÇÃO (EnANPAD), 23., 1999, Foz do Iguaçu. **Anais...** Foz do Iguaçu: ANPAD, 1999.

52. COCKERILL, Tony. The kind of competence for rapid change. In: MABEY, Christopher; ILES, Paul (Org.). **Managing learning**. London: Routledge, 1994. Cap. 6, p. 70-76.

53. NISEMBAUM, Hugo. **A competência essencial**. São Paulo: Infinito, 2000.

54. SPARROW, Paul; BOGNANNO, Mario. Competency requirement forecasting: issues for international selection and assessment. **International Journal of Selection and Assessment**, v. 1, n. 1, p. 50-58, 1993.

55. LODI, João Bosco. **A entrevista**: teoria e prática. São Paulo: Pioneira, 1991.

56. ESOMAR – EUROPEAN SOCIETY FOR OPINION AND MARKETING RESEARCH. **International code of social research practice**. Amsterdam: Esomar, 2005.

57. MELLO, Sérgio Carvalho Benício de; LEÃO, André Luis Maranhão; PAIVA JR., Fernando Gomes. Competências empreendedoras de dirigentes de empresas brasileiras de médio e grande porte que atuam em serviços da nova economia. **Revista de Administração Contemporânea – RAC**, v. 10, n. 4, p. 47-69, 2006.

58. BRANDÃO, Hugo Pena; GUIMARÃES, Tomás de Aquino; BORGES-ANDRADE, Jairo Eduardo. Competências profissionais relevantes à qualidade no atendimento bancário. **Revista de Administração Pública – RAP**, Rio de Janeiro, v. 35, n. 6, p. 61-81, 2001.

59. MATTAR, Fauze Najib. **Pesquisa de Marketing**: metodologia e planejamento. São Paulo: Atlas, 1996. v. 1.

60. PARASURAMAN, A. **Marketing research**. Toronto: Addison-Wesley Publishing, 1986.

61. GUI, Roque Tadeu. Grupo focal em pesquisa qualitativa aplicada: intersubjetividade e construção de sentido. **Revista de Psicologia Organizacional e do Trabalho – RPOT**, v. 3, n. 1, p. 135-159, 2003.

62. KRUEGER, Richard A.; CASEY, Mary Anne. **Focus group**: a practical guide for applied research. Thousand Oaks (USA): Sage, 2000.

63. PASQUALI, Luiz. **Psicometria**: teoria dos testes na Psicologia e na Educação. Petrópolis: Vozes, 2003.

64. ROCHA, Angela da; CHRISTENSEN, Carl. **Notas sobre a construção de questionários**. Rio de Janeiro: Instituto de Pós-Graduação e Pesquisa em Administração-COPPEAD/ UFRJ, 1997 (manuscrito não publicado).

65. SANTOS, Armando Cuesta. O uso do método Delphi na criação de um modelo de competências. **Revista de Administração – RAUSP**, v. 36, n. 2, p. 25-32, 2001.

66. VIEGAS, Waldyr. **Fundamentos de metodologia científica**. Brasília: Paralelo 15 e Editora Universidade de Brasília, 1999.

67. DEL PRETTE, Zilda Pereira; DEL PRETTE, Almir; GARCIA, Fabíola Alvares; SILVA, Alessandra Turini Bolsoni; PUNTEL, Ludmila Palucci. Habilidades sociais do professor em sala de aula: um estudo de caso. **Psicologia: Reflexão e Crítica**, v. 11, n. 3, p. 591-603, 1998.

68. BOAK, George; COOLICAN, Diane. Competencies for retail leadership: accurate, acceptable, affordable. **Leadership and**

Organization Development Journal, v. 22, n. 5, p. 212-220, 2001.

69. SONNENTAG, Sabine; FREESE, Michael. Performance concepts and performance theory. In: SONNENTAG, Sabine (Org.). **Psychological management of individual performance**. Chichester, UK: John Wiley & Sons, 2002. Cap. 1, p. 3-25.

70. ABBAD, Gardênia. **Um modelo integrado de avaliação do impacto do treinamento no trabalho – IMPACT**. Tese (Doutorado em Psicologia) – Universidade de Brasília – UnB, Brasília, 1999.

71. CAETANO, Antonio. **Avaliação de desempenho**: metáforas, conceitos e práticas. Lisboa: Editora RH, 1996.

72. EDWARDS, Mark; EWEN, Ann. **360º Feedback**: the powerful model for employee assessment and performance improvement. New York: American Management Association, 1996.

73. MAGALHÃES, Mônica Lemes; BORGES-ANDRADE, Jairo Eduardo. Auto e heteroavaliação no diagnóstico de necessidades de treinamento. **Estudos de Psicologia (Natal)**, v. 6, n. 1, p. 35-50 . 2001.

74. CRAÍDE, Aline; ANTUNES, Elaine Di Diego. Avaliação de competências 360°: os impactos na gestão de pessoas. **Revista Eletrônica de Administração**, v. 10, n. 4, p. 1-28, 2004.

75. POZO, Juan Ignacio. **Aprendizes e mestres**: a nova cultura da aprendizagem. Porto Alegre: Artmed, 2002.

76. ABBAD, Gardênia; FREITAS, Isa Aparecida; PILATI, Ronaldo. Contexto de trabalho, desempenho competente e necessidades em TD&E. In: BORGES-ANDRADE, Jairo Eduardo; ABBAD, Gardênia; MOURÃO, Luciana (Org.). **Treinamento, desenvolvimento e educação em organizações e trabalho**: fundamentos para a gestão de pessoas. Porto Alegre: Artmed/Bookman, 2006. Cap. 12, p. 231-254.

77. BORGES-ANDRADE, Jairo Eduardo; LIMA, Suzana Valle. Avaliação de necessidades de treinamento: um método de

análise de papel ocupacional. **Tecnologia Educacional**, v. 12, n. 54, p. 5-14. 1983.

78. BRANDÃO, Hugo Pena; ISIDRO-FILHO, Antônio. **Relatório de análise de um programa de gestão por competências**. Brasília: Instituto São Paulo de Análise do Comportamento, 2007.

79. CASTRO, Pedro Marcos Roma de; BORGES-ANDRADE, Jairo Eduardo. Identificação das necessidades de capacitação profissional: o caso dos assistentes administrativos da Universidade de Brasília. **Revista de Administração – RAUSP**, v. 39, n. 1, p. 96-108, 2004.

80. ISIDRO-FILHO, Antônio. **Mecanismos e cultura de aprendizagem em organizações**: análise de suas relações com liderança em uma organização financeira. Dissertação (Mestrado em Administração) – Universidade de Brasília – UnB, Brasília, 2006.

81. PACHECO, Luzia; SCOFANO, Anna Cherubina; BECKERT, Mara; SOUZA, Valéria. **Capacitação e desenvolvimento de pessoas**. Rio de Janeiro: Ed. Fundação Getulio Vargas – FGV, 2005.

82. OLIVEIRA, Djalma de Pinho Rebouças de. **Planejamento estratégico**: conceitos, metodologias e práticas. São Paulo: Atlas, 1992.

83. BORGES-ANDRADE, Jairo Eduardo; ABBAD, Gardênia da Silva; MOURÃO, Luciana (Org.). **Treinamento, desenvolvimento e educação em organizações e trabalho**: fundamentos para a gestão de pessoas. Porto Alegre: Artmed/Bookman, 2006.

84. MENEZES, Pedro; ZERBINI, Thaís; ABBAD, Gardênia da Silva. **Manual de treinamento organizacional**. Porto Alegre: Artmed/Bookman, 2010.

85. FREITAS, Isa Aparecida. Trilhas de desenvolvimento profissional: da teoria à prática. In: ENCONTRO DA ASSOCIAÇÃO NACIONAL DE PÓS-GRADUAÇÃO E PESQUISA EM

ADMINISTRAÇÃO (EnANPAD). 26., 2002, Salvador. **Anais...** Salvador: ANPAD, 2002.

86. WOOD, Robert; PAYNE, Tim. **Competency-based recruitment and selection**. Chichester: John Wiley & Sons, 1998.

87. FAISSAL, Reinaldo; PASSOS, Antônio Eugênio Valverde Mariani; MENDONÇA, Márcia da C. Furtado; ALMEIDA, Walnice Maria da Costa de. **Atração e seleção de pessoas**. Rio de Janeiro: Ed. FGV, 2005.

88. ABBAD, Gardênia; BORGES-ANDRADE, Jairo Eduardo. Aprendizagem humana em organizações de trabalho. In: ZANELLI, José Carlos; BORGES-ANDRADE, Jairo Eduardo; BASTOS, Antônio Virgílio (Org.). **Psicologia, organizações e trabalho no Brasil**. Porto Alegre: Artmed, 2004. Cap. 7, p. 237-275.

89. PETERS, Lawrence H.; O'CONNOR, Edward J. Situational constraints and work outcomes: the influences of a frequently overlooked construct. **The Academy of Management Review**, v. 5, n. 3, p. 391-397, 1980.

90. EISENBERGER, Robert; HUNTINGTON, Robin; HUTCHISON, Steven; SOWA, Debora. Perceived organizational support. **Journal of Applied Psychology**, v. 71, n. 3, p. 500-507, 1986.

91. FREITAS, Isa Aparecida de. **Diagnóstico de problemas de desempenho no trabalho**: uma aplicação do modelo de Gilbert numa instituição de crédito. Dissertação (Mestrado em Psicologia) – Universidade de Brasília – UnB, Brasília, 1992.

92. BAIRD, Lloyd; MESHOULAM, Ilan. Managing two fits of strategic human resources management. **Academy of Management Review**, v. 13, n. 1, p. 116-128, 1988.

93. PICCHI, Thaís da Costa. **Educação corporativa**: ajuste com sistemas de gestão de pessoas e resultados de treinamento nos níveis individual e organizacional. Dissertação (Mestrado em Psicologia do Trabalho e das Organizações) – Universidade de Brasília – UnB, Brasília, 2010.

94. KAPLAN, Robert; NORTON, David P. **A estratégia em ação**: balanced scorecard. Rio de Janeiro: Campus, 1997.

95. PASQUALI, Luiz. **Delineamento de pesquisa em ciências**: fundamentos estatísticos da pesquisa científica. Brasília: Laboratório de Pesquisa em Avaliação e Medida – LabPAM da Universidade de Brasília – UnB, 2006.

96. LIKERT, Rensis. A technique for the measurement of attitudes. **Archives of Psychology**, n. 140, p. 1-55, 1932.

97. COSTA, Patrícia Cristiane Gama da. Escala de autoconceito no trabalho: construção e validação. **Psicologia: Teoria e Pesquisa**, v. 18, n. 1, p. 75-81, 2002.

98. OSGOOD, Charlie E.; SUCI, George J.; TANNENBAUM, Percy. **The measuring of meaning**. Champaign (EUA): University of Illinois Press, 1957.

99. MOORE, David S. **A estatística básica e sua prática**. Rio de Janeiro: LTC, 2005.

100. LEVIN, Jack; FOX, James Alan. **Estatística para ciências humanas**. São Paulo: Prentice Hall, 2004.

101. HAIR JR., Joseph F.; ANDERSON, Rolph E.; TATHAM, Ronald L.; BLACK, William C. **Análise multivariada de dados**. Porto Alegre: Bookman, 2005.

102. VARGAS, Miramar R.; ABBAD, Gardênia da Silva. Bases conceituais em treinamento, desenvolvimento e educação – TD&E. In: BORGES-ANDRADE, Jairo Eduardo; ABBAD, Gardênia; MOURÃO Luciana. **Treinamento, desenvolvimento e educação em organizações e trabalho**: fundamentos para a gestão de pessoas. Porto Alegre: Artmed/Bookman, 2006. Cap. 7, p.137-158.

103. SENGE, Peter. **A quinta disciplina**. São Paulo: Best-Seller, 1998.

104. BRANDÃO, Hugo Pena; CARBONE, Pedro Paulo. A web como instrumento para a construção de trilhas de aprendizagem. In: BAYMA, Fátima (Org.). **Educação corporativa**: desenvolvendo e gerenciando competências. São Paulo: Pearson Prentice Hall, 2004. Cap. 3, p. 86-91.

105. MCCLELLAND, David C. Testing for competence rather than intelligence. **American Psychologist**, v. 28, n. 1, p. 1-14, 1973.

106. BRASIL. **Portaria nº 208, de 25 de julho de 2006, do Ministério do Planejamento, Orçamento e Gestão**. Define os instrumentos da Política Nacional de Desenvolvimento de Pessoal da Administração Pública Federal Direta, Autárquica e Fundacional. Brasília: Diário Oficial da União, 26 jul. 2006.

107. ABBAD, Gardênia da Silva; LOIOLA, Elisabeth; ZERBINI, Thaís; BORGES-ANDRADE, Jairo Eduardo. Aprendizagem em organizações e no trabalho. In: BORGES, Lívia de Oliveira; MOURÃO, Luciana (Org.). **O trabalho e as organizações**: atuações a partir da Psicologia. Porto Alegre: Artmed, 2013. Cap. 17, p. 497-527.

108. LEVY, Steven. **In the plex**: how Google thinks, works, and shapes our lives. New York: Simon & Schuster, 2011.

109. GALLO, Carmine. **The Apple experience**: secrets to building insanely great customer loyalty. New York: McGraw-Hill, 2012.

110. FERNANDES, Bruno Rocha. **Gestão estratégica de pessoas com foco em competências**. Rio de Janeiro: Campus, 2013.

111. SILVA, Magda Valéria. Avaliação de desempenho: uma poderosa ferramenta de gestão dos recursos humanos nas organizações. In: MANSSOUR, Ana Beatriz et al. (Org.). **Tendências em Recursos Humanos**. Porto Alegre: Multimpressos, 2001. Cap. 9, p. 181-197.

112. KENSKI, Vani Moreira (Org.). **Design instrucional para cursos on-line**. São Paulo: Editora Senac São Paulo, 2015.

113. ABBAD, Gardênia da Silva; ZERBINI, Thaís; CARVALHO, Renata Silveira; MENESES, Pedro Paulo Murce. Planejamento instrucional em TD&E. In: BORGES-ANDRADE, Jairo Eduardo; ABBAD, Gardênia; MOURÃO, Luciana (Org.). **Treinamento, desenvolvimento e educação em**

organizações e trabalho: fundamentos para a gestão de pessoas. Porto Alegre: Artmed/Bookman, 2006. Cap. 15, p. 289-321.

114. ABBAD, Gardênia da Silva; MOURÃO, Luciana; MENESES, Pedro Paulo; ZERBINI, Thaís; BORGES-ANDRADE, Jairo Eduardo; VILAS-BOAS, Raquel (Org.). **Medidas de avaliação em treinamento, desenvolvimento e educação**: ferramentas para gestão de pessoas. Porto Alegre: Artmed, 2012.